顾德希　1940年出生。1963年到北京四中任教，语文特级教师，获得"全国先进工作者""北京市人民教师"等称号。退休后一直担任北京四中语文教学顾问。20世纪八九十年代是人民教育出版社语文教材的主要编写人之一，2006年担任北京版高中语文实验教材主编。多年参与高考命题及审题工作。在信息技术与语文课程整合的实验中，成绩显著。

给语文老师当顾问

顾德希 著

语文出版社
·北京·

图书在版编目（CIP）数据

给语文老师当顾问 / 顾德希著. -- 北京 : 语文出版社，2022.7
　ISBN 978-7-5187-1550-3

　Ⅰ. ①给… Ⅱ. ①顾… Ⅲ. ①中学语文课－教学研究－高中－文集 Ⅳ. ①G633.302-53

中国版本图书馆CIP数据核字(2022)第094219号

责任编辑	程艳梅
封面题字	刘德水
装帧设计	刘姗姗
出　　版	语文出版社
地　　址	北京市东城区朝阳门内南小街51号　100010
电子信箱	ywcbsywp@163.com
排　　版	河北新华第一印刷有限责任公司
印刷装订	北京市科星印刷有限责任公司
发　　行	语文出版社　新华书店经销
规　　格	787mm×1092mm
开　　本	1/16
印　　张	15.75　　1 插页
字　　数	183千字
版　　次	2022年7月第1版
印　　次	2022年7月第1次印刷
印　　数	1～3,000
定　　价	48.00元

☎ 010-65253954(咨询)　010-65251033(购书)　010-65250075(印装质量)

《给语文老师当顾问》读后（代序）

张彬福

去年九月初，一天晚上，顾德希老师跟我通电话。电话比较长，先谈读顾亭林《日知录》的体会和感受，我很受教。后来他说，最近把这些年写的一些文章整理成一本书，书名叫《给语文老师当顾问》；因为年事高，不宜再在四中当顾问了，编纂这本书算对四中有个交代；说正在给刘葵老师看，会请刘葵发给我，让我提提意见。正巧教师节有机会遇见了刘葵老师，说到此事，她当即发给我。之后的一个多月，我陆陆续续读完。

书中有些文章我读过，有的内容也听顾老师当面讲过，现在静下来再看，依然能够从顾老师的独到见解和真知灼见中获得新的启迪；还有一些文章未曾读过，如《备课与听课》等，其中所讲，更增加了我对顾老师的崇敬、对语文教学真谛的理解。

识荆顾老师是在1991年。那时我在北京市教育局教研部（现在的北京市基教研中心）中语室做教研员。一天，同事高石曾老师说：你去找一下四中顾德希老师，他正在给人教社编九年义务教育初中语文教材，想找个人帮助写教参，你去吧。顾老师的名字，我是知道的——做教研员，北京的著名教师当然早闻大名。我自然愿意拜见。第二天下午四点多，我到了四中语文组。那是第一次跟顾老师接触。

顾老师高高的个子，玉树临风一般，双目炯炯有神，是那种一见到他，你就会自然生起敬畏之心的形象。那天见面没说几句话，但有几句我至今难忘。他说："你来写，我很高兴；你是教研员，自然没问题。"其时，我刚到市教研室，职称还是二级教师。顾老师的话让我顿时感到他对我的信任，心里多了一层亲近感。他让我编的是课文《〈还乡梦〉自序》的教参。他说："这篇课文我在设计课后练习的时候，写了对作答的几点考虑，给你参考，你就不用那么费劲了。"听到这话，我又感到了温暖，是后辈受到长辈关怀的温暖，而就是这一句话建立了我对顾老师的信任和崇敬。他问我住哪儿，"琉璃寺。""几号？"原来我们竟住在同一条胡同，我住1号，他住5号（后来他搬到安贞桥附近）。于是约我次日晚上去他家中见面。从此，三十年间，跟着顾老师学习，诲我谆谆，南针在抱。我后来讲学或上课的内容中那些被听课者深以为然的话，"娘家"大多在顾老师那里。如"语文教学要从学生认知规律的实际出发""教师要能把别人的话变成自己的话；争取说一两句自己的话，但这很难"，等等。1996年初，教育部考试中心成立课题组，编制一份准高考试题，用来监控当年高考试题的能力水平和难度，我忝列其中。我设计了一道"一句话新闻"的语用题，顾老师看后很是肯定。鼓励我说，这样的题如果你能出五十道，就成了。后来我多年参与高考命题，在语用题设计上一直记着他的话，做了一些探索和创新。

这本《给语文老师当顾问》即将付梓，顾老师打电话说请我写一篇序。我自然不敢当，但转念又觉得我应该借此说说久在心中的这位"大先生"。一是感谢顾老师多年的教诲、关怀和支持，二是能让更多的人了解顾老师的语文教育思想，学习他的为人和做事。于是不揣鄙陋，答应下来，就算是一篇读后感吧。

顾老师语文教学思想的核心——"归元返本，面向未来"

顾老师说，当今的世界令人目不暇接的事情太多，人们的眼界似乎从没有现在这样开阔。而也正因如此，就更不能忘"本"。世间万物莫不有其"本"，即其所以生发的"本原"。浩浩长江的本源，不过是三江源的几条小溪。思考本原，方能以简驭繁；找准本原，发展潜力才不可限量。对语文教学之"本"，他归纳为十个基本观点（见《再谈语文教学之本》），他认为，字词基础和阅读习惯，要一以贯之抓到底。文言阅读的根基，在于疏通大意，文句上口。减掉些枝叶，着眼于语文应用，提高"有效互动"效率，是提高教学质量的关键（见《固本培元　提高质量》）。他讲了一个故事：

> 记得20世纪70年代一次集体备课，是新课文《拿来主义》。我已读过两遍课文，可某老师谈的，我竟一点儿也没意识到。他毫不费力，就把几处文句的内在联系，一一点破，可我竟一点儿也没看出来。差距在哪儿？显然，我对《拿来主义》中某些"字词句"的关注效度，不及人家。讲作品，如果能叏来些别人的精彩评论，也不错，但不及从文本里面拎出点儿确有所见的话语，给人启发更大。那以后，我就特别注意强化自己对"字词句"的有效关注。
>
> 我这方面的习惯得到增强，有效关注度提高了，上课时，学生的收获就更实在了，对课文中某些地方，就会多看几眼了。这也算举一反三吧。这是关乎打好基础的大事，可是很容易被忽略。如果说，这是语文学习之"本"，那么文学鉴赏方

法、文体写作规范、词法句法知识，则是"枝叶"。有枝有叶，诚然是好，但根基要扎实，才能长出属于自己的枝叶。

因此他主张教学要做"减法"，大胆减掉枝叶，用更多时间让学生动脑、动手、动口。

把握教学规律，顾老师认为是教学的"本"中之"本"。什么是教学规律？顾老师很认同北京四中的"十大原则"：

1.循序渐进（朱熹《论语》集注），2.举一反三（《论语》），3.深入浅出（"五四"以后多见。可能邹韬奋用的较早），4.直观形象（四中教师的共识，可与"深入浅出"互为补充），5.文以载道（韩愈），6.温故知新（《论语》），7.循循善诱（《论语》），8.有的放矢（毛泽东《整顿党的作风》），9.因材施教（朱熹），10.教学相长（《礼记·学记》）。

他说，这十条可从四个方面理解，1—2，侧重于"学"的规律。3—4，侧重于"教"的规律。5—9，从"思想性""新知"与"旧知""启发性""目的性""多样化"与"个别化"等五个方面，阐明了立德树人的根本原则（见《再谈语文教学之本》）。第10条，是教师成长的至理名言。

顾老师十分珍视并注重传承传统语文教育思想。他对"三老"不仅由衷敬重，而且认真学习他们的思想，把握他们语文教育理论的本质。他曾说："叶圣陶、吕叔湘、张志公三位先生是大家公认的杰出代表。他们的语文教育思想，后先相继，相互补充，成为20世纪我国语文教育发展史上的丰碑。……在关乎语文教学发展的重要问题上，我们应当充分看到三位先生思想的一致性，这样有助于我们对问题认识得更深刻。"（《学习张志公先生关于语文教学科学化的思想》，1998年11月为"张志公语文教育思想研讨会"提供的论文）我想，这或许是顾老师归元返本思想确立的"三江源小溪"吧？

提高学生语文学习的积极性、主动性，关键在于提高教学质量，而最重要的始终是"有效互动"的质量。互动质量高，学生的积极性会喷涌而出，在阅读、表达、交流方面的优异成果，会令人惊喜。所以，一定要营造各种条件，创造各种机会，打造各种"平台"，使各类学生都能不断脱颖而出，不断提高"生生互动"水平。顾老师觉得这是提高班级语文教学质量之"本"。

退休之前，顾老师意识到这一点，但缺少平台。退休后，他借助现代信息技术，经过十几年的辛苦努力，开发研制了网上"虚拟课堂"的工具软件，利用信息技术"实时、多向、多层互动""多元多层设置任务""全息记录""自行统计"等功能，使学生的自主性学习得以持续推进，主动性不断得到激发，而且便于引导；同时配合"现实课堂"学习，构建起"双课堂"的学习方式。这是一种优势互补的"时空域"，一种互联网状态下新的学习共同体。实验表明，"双课堂"这个"抓手"，能将各类学生的积极性持续、有效地加以引导提升，对提高语文教学质量效果显著。多年来，在顾老师手把手地指导下，北京市一批语文教师在"双课堂"实验中脱颖而出，他们的课堂互动发生了本质改变，学生语文学习的态度、质量明显向好。这些语文教师个人也得到了大步发展。

在认真总结多年来语文教学方式得失的基础上，顾老师提出："语文教学改革的最终目的，与其他学科教学一样，都是更好地立德树人。区别，在于过程。语文教学是帮助学生在'对别人的表达，理解得更准确，而不是相反；使自己的表达更到位，而不是相反'的实践中，实现立德树人这一根本目的。"他构建了"任务引领·多元自学"的语文教学方式。（见《"课改"背景下语文教学方式的改革》）

语文教学与现代信息技术相结合，使顾老师找到了桃源津渡，面向未来著出了新的篇章。

顾老师语文教学实践的哲学——从学生认知规律的实际出发

听顾老师的课，与顾老师谈语文，读他的文章，包括他的研究课题，都会让人感到他对语文教学的追求很"实"。他爱这样说：

"别的教师上课有几课、几式、几法，我没有几课、几式、几法，我一直在变。""要以学生读写中的认知实际为我们教学的出发点，这是我的结论。学生的问题真帮他解决了，这才行。要对学生负责而不是对课本负责。"（《语文教学通讯》1998年第6期第10页）

大约是1985年，北京市语文教学研究会举行中青年语文教师教学大赛。顾老师上的是《阿Q正传》，课前布置学生自学思考，课上交流。结果第一个站起来的学生竟侃侃而谈，大约说了二十分钟。记得我当年看教学录像时真替顾老师担心：这课往下怎么上？顾老师应该打断发言的学生啊。结果顾老师并没有制止学生，一直让学生说完。最后，这节课被评为一等奖。后来问起来这件事，他说：我怎么能制止啊？学生准备得很充分，要在这个场合展示一下；再说他确实说得不错，其他同学也会受到启发。他说得好，不正是老师需要的吗？

有的时候，为了一个字，顾老师会在课堂上用很长时间引导学生理解清楚。例如课文中有"编者按"三个字，这个"按"字怎么讲？"按语"是什么意思？顾老师可以花很长时间从字的本义、引申义,一直讲到实际运用的例子。

他允许学生课上发表长篇大论,也会自己多讲一会儿,皆从教学实际出发。

听顾老师讲过早年教学的一个故事:一次做词语填空,题目是"颐和园修 __ 一 __",答案是"修葺一新"。结果一个学生填的是"修了一修"。全班同学哄堂大笑。顾老师评价说,"修了一修"也未尝不可,话也是通顺的,只是不够得体,国家花了那么多钱,结果只是"修了一修",不好。过了四十年,很多学生已经成为大专家了,他们对顾老师说,当年您对"修了一修"还是"修葺一新"的指导,我们至今难忘。"教学总得让学生留下点儿什么吧。"顾老师经常这样说。

说到备课,我们都会想教学目标怎么确定,教学难点是什么,教学过程分为几个环节,使用什么样的教学工具等,这些固然不错。但我读了顾老师关于备课和听课的文章,由衷钦佩他的智慧和从实际出发的精神。这里不做"剧透",诸位自己阅读,一定会有茅塞顿开之感。

当年教书的时候,顾老师有一个"自律",就是每周要有两个大课间去任课班里坐坐。他是要借这个时间了解和解答学生学习中的困惑和问题。多少年来,没有特殊情况,他始终坚持这样做。他说,你不了解学生还怎么教书啊?学生课下跟老师交流的东西比课上真实得多。

顾老师曾获全国优秀教师、北京市有突出贡献专家、北京市"师德楷模"、北京市"人民教师"等荣誉称号。他一直认为教师要自律,要求学生做到的教师也要做到。

当年他教的一个学生,才气纵横,顾老师曾批评她不注意逗号句号的区分，她不服气，便暗地里去挑剔顾老师写过的批语，结果一无所获。这件事让她感触很深，顾老师也深感欣慰。

有一年学生聚会，坐在顾老师对面的一位"老板"，悄悄绕到他身边，让老师看他手机。原来是三十多年前顾老师给他作文批语的照片。顾老师说："我重读那两行半话，感到确乎适合他（他的作文并不出色）。不经意的几句话，学生很看重，甚至珍藏几十年，人生如此，夫复何求？严于律己，意味着要以身作则，当学生表率。语文教师在写字、讲话、读书、作文上，都应'身以先之'。"

当年在北京四中每学期进行的学生评议中，顾老师的得分总是很高。学生对他的教学热烈欢迎，恐怕不仅因为他是著名教师，而是他切实给了学生"有用"的东西。据说，有一次一个学生这样评价顾老师："顾老师的课不是每一节都精彩，但是我们每节课都有收获。"每节课都能让学生有收获，我以为这是对老师价值的最高评价吧。

大约是1998年冬季的一天下午，我在新街口书店，见几个女学生正在看书，其中一个指着书架上的一排书兴奋地说："快来看，这是顾德希老师的书！不知道咱们上高三的时候能不能赶上顾老师教。"于是，几个人就在那里屈指计算能否赶上顾老师给他们上语文课。看着学生对顾老师的切盼之情，我不禁深深地感叹：能让学生这样喜欢的老师，多么了不起，多么幸福！

凡是与顾老师接触过的人，都会被他的人格魅力和智慧所吸引和折服。在北京，顾老师指导、提携过很多语文教师。特级教师王大绩老师跟我谈起顾老师，说："我自幼有点儿小个性，不大会为人处事，年近四十才开始教书。尽管顾老师说'我们年龄相仿，不是师生'，但他的提携和指导让我刻骨铭心。当我就自己一点儿不成熟的想法向他请教，顾老师总能立时抓住要点，做出概括和评价。顾老师更是在很多场合、很多私下谈话中，有意无意地指教我待人处事。我尽管冥顽不化，但还是深深领会他真诚的心意和自然吐诉中的睿智。"顺义教研员、特级教师刘德水老师一谈起顾老师就充满敬意，他跟我说："前几年，顾老师作顾问，带我们几个中青年老师为商务印书馆《学生国学丛书新编》写'新编导言'，我们每成一篇，他都一一修改润饰。反复领会顾老师的修改，你不得不叹服顾老师思考的深入和文字的精准。由此懂得，语文老师，读、写的功夫不到，是难有所成的。"事实上，顾老师不只是北京四中的语文顾问，也是北京市语文教学队伍的顾问，多年来，他默默地在为北京市语文教育发现人才，积蓄力量，组织队伍。

顾老师热爱语文教育，大学毕业后分到北京四中任教，直至退休。他的语文教学思想来自实践，并应用于实践，且一以贯之。他的思想和实践令人常学常新，仰之弥高。顾老师文学功底、语言功力、道德修养等都是很深厚的；他为人师表，深受学生和教师的爱戴。荀子在《致士》篇中说过教师的四条标准，即令人尊敬，值得信赖，说理通达，观察敏锐。我以为顾老师正是这样的教师。他是语文教育的一位"大先生"！

顾老师这本著作分作四个板块——优化教学方式、提高专业水平、不忘前辈教诲、但求亦师亦友，是顾老师"归元返本，面向未来"思想在实践层面的一种概括表述，包含着他对怎样当好一名语文教师的丰富体会，对任何一位语文老师都有参考价值。

如果你是语文教师，而且被许多问题困扰着，那就来阅读这本书吧，请顾老师也来给你当"顾问"，相信你一定会受益多多！

2022年初　雪霁

于首都师范大学

（作者为首都师范大学教授）

目 录

前言 /1

第一章 优化教学方式 /1

一、语文教学能不能腾飞
　　——"新中国70年语文教育的回顾与展望学术研讨会"发言 /3

二、"课改"背景下语文教学方式的改革
　　——任务引领·多元自学 /5

三、突围与尝试
　　——李煜晖《高中语文专题教学理论与实践》序 /16

四、严谨治学　深入浅出
　　——杨志刚《亲近经典》序 /25

五、潜心教学实践　优化教学方式
　　——张彪《"互联网＋"背景下的语文教学模式》序 /33

六、河出伏流　一泻汪洋
　　——《中学生课外阅读文选》序 /38

七、片羽千钧
　　——"大家小书"青春版序 /45

八、"互联网＋"和教学原则 /48

九、教师与教材的使用 /52

十、备课与听课 /55
十一、别裁伪体亲风雅
　　——葛小峰《子云诗集》序 /57
十二、要不断提高对字义的认知水平 /63
十三、让学生们好好念书 /71
十四、诵读能力量表及应用 /73

第二章　提高专业水平 /79

一、固本培元　提高质量 /81
二、再谈语文教学之本
　　——关于《归元返本　面向未来》 /91
三、语文教师的专业成长 /98
四、语文教师的专业阅读 /107
五、教师阅读素养的研究 /114
六、读懂顾炎武　增强文化自信
　　——《顾炎武文》导读 /121
七、"亭林诗"导读 /127
八、谈谈"国学经典"的导读 /144
九、植入健康的文化基因
　　——文言文的阅读方法 /151

第三章　不忘前辈教诲 /156

一、多少浪花映春明
　　——怀念苏予老师 /158

二、薪火相传才俊新
　　——忆张寿康先生　　　　　　　　　　　　/165

三、语文应用觅真诠
　　——《语文是百科之母例说》序　　　　　　/175

四、影响深的人和事
　　——忆俞汝霖、张志公先生　　　　　　　　/183

五、前尘宛在迹犹存
　　——范静生和"尚志学会"大院　　　　　　/193

六、永不磨损的丰碑
　　——忆刘秀莹校长　　　　　　　　　　　　/201

第四章　但求亦师亦友　　　　　　　　　　　　/209

一、最难风雨故人来
　　——《四中凝聚了我们》读后　　　　　　　/211

二、海纳百川　有容乃大
　　——北京四中1966年高二（6）班纪念册序　/216

三、晚晴红叶
　　——毛祖桓诗稿序　　　　　　　　　　　　/222

前 言

编这本书,是希望现在和以后的语文老师,比我这辈人少走冤枉路,好钢用在刀刃上,让语文教学质量越来越高。

我一辈子教语文,深感教学效率低,虽力求改进,但总的效果有限。几十年间,语文教师受到的影响有正面的,也有负面的。早在六十年前,叶圣陶先生慨叹"语文教学是老大难",语重心长。他以精读、略读、作文"面批"率先垂范,启示教师,同时又谆谆告诫,解决语文教学的问题很难,可谓用心良苦。他和诸前辈的影响是积极的。但语文教学前进中的干扰很大。基础教育一受指责,语文教学便首当其冲。二十年前某大报以通栏标题把"误尽苍生"的罪名硬扣在语文教学头上,堪为代表。站在语文教学之外,居高临下,打算"掀翻棋盘",并非偶然。这种影响无疑是消极的。语文教学确实存在很多问题待解决,但批判斥责若能解决,那么几十年前,不早解决了吗?

语文老师欢迎有人帮助出点切实管用的主意。这样的好主意,我听到过很多,可惜多被淹没。而不断翻新的"论"又太多,语文老师要少走"冤枉路"难矣!对各种"论"不妨听一听,但语文教学毕竟是"教"与"学"双边互动的读、写、听、说的实践过程。语文教学质量的提高,只有在不断优化的"实践"中方能实现。语文老师多研究些来自实践的意见，也许效果更直接些。

我退休后被聘为四中教学顾问，给语文老师当参谋整二十年，老师们巨大的潜力和进步令我振奋。今年夏天，翻看近年文稿，感到自己写这些东西的潜意识里，一直把自己当成语文老师的顾问，这些东西对改进教学也许有用，于是整理成这本书。一来，"顾问"当了这么久，该画个句号了。二来，自己精力日衰，往后再给语文老师出主意，免不了颠三倒四、啰里啰唆，还不如这些文稿说得清楚些，让这本书来"顾问"说不定好一点。

我对语文教学的总体认知，是语文既可看成一个学科，又不能把它等同于一般学科。这些年来，"语文学科"有太多的所谓学科知识，且日趋系统化，但对提高学生读写能力真有用的究竟是哪些，说不大清。所以在语文学科建设、语文教师提高的问题上，我不赞成学科知识"漫灌"，而主张把改进教学实践放在首位，坚持实事求是，坚持实践是检验真理的唯一标准。

我出的主意，概括起来是四条。一、优化教学方式，二、不断提高自身的"专业"水平。二者相互依存。三、不忘前辈教诲，四、但求亦师亦友。这两条是前两条的支撑。我坚信，语文老师把这几条做好，语文教学质量一定会提高。

语文老师要有定力。不管情绪上受到积极影响还是消极影响，都要清醒认识到自己是教书育人工作岗位上既不自我膨胀、又不妄自菲薄的教师。有这份定力，就能日有所进，不断有所创造。倘如此，语文教学啧有烦言的时期必将过去。这一定不是奢望。

我的朋友，比我年长的，比我年轻的，对语文教学的很多体会都为我所不及，定能匡正于我，甚感。

2021年 立秋第七日

第一章　优化教学方式

优化教学方式，是提高语文教学质量的发力点。

优化教学方式，既指把某一种教学方式运用得更好些，也指恰当运用多种教学方式，形成良性互补。

叶圣陶先生很早便提出"精读""略读"两个概念，从"读"的方面对教学方式做了某种区分。教学，必有设定的内容，并通过某些举措来落实这些内容的学习，于是便有了相应名目，或曰"教学方式"。"读"的教学方式原本很多，诵读、朗读、讲读、导读、课内读、课外读、读写结合……但很长时期以来，以"教参"为模板的文本解读，在语文教学中被默认为唯一，对优化教学方式很不利。

把一篇、几篇课文"讲读"好，无疑是语文教学的一种基本方式，语文教师须下大力气把这种方式掌握好。但仅靠这个还不够，比如，帮助学生把作文写得好一点儿，使其收到显著效果，就非常重要。

改进语文教学，要从学生实际出发，恰当运用多种教学方式，最大限度"激活"学生参与学习的热情。比如，凭借信息技术把某个专题内容的学习组织好；把课外阅读引入课堂，适时安排学生畅叙心得；有针对性地安排某些学生认真抄书、熟悉多种话语模式；组织"走出去"的各类"游学"；发动学生编写形式多样的读物、作品；自编自演剧目；等等，太多太多了。根据不同需要，合理采用多种教学方式，可大大提高语文教学质量。我曾让高三学生给班上订阅的报刊改错别字，坚持一学期，对提高教学质量有意想不到的效果。所以我坚信，优化语文教学方式，有异常广阔的创新天地。

语文教学方式究竟有多少种，可慢慢研究。组织学生参与学习活动，是就"一课"而言，还是非就"一课"（只占一课时中某个片段时间，或远远超过一课几课时间）而言；是全班统一进行，还是部分学生协作，都应允许。学生的生活原本就与语文学习有着紧密联系，只要教师善于发现，引导得法，一定会创造出切实提高学生语文学习积极性的多种多样方式。学生的积极性，是优化语文教学方式的灵魂。后附各篇，可为老师们提供不少参考。

优化教学方式，最重要的是"做"起来。如果根据不同需要、不同条件，充分发挥教师个人优势，精心组织，不断总结经验，那么语文教学实践一定会丰富多彩。如果一位语文教师，既能每学期有若干次精彩的"讲读"，还能灵活运用多种教学方式，目标明确，要求恰当，那么学生的语文学习不仅会生动活泼，而且会乐此不疲，语文也必将成为很受学生欢迎的基础学科。

一、语文教学能不能腾飞

——"新中国70年语文教育的回顾与展望学术研讨会"发言

语文教学的"腾飞",是指语文教学生机勃勃,语文课让学生特别喜欢,语文教学质量大大提高。这样的大好局面出现之日,就是语文教学腾飞之时。

语文教学小面积上"飞起来"的例子,有过不少。如四十年前某基础薄弱校某老师的"好文"教学——帮班上每人写一篇"好文",如近年某校的"诗歌鉴赏",又如某重点校的《国殇》创意学习等。其共同点是,老师把教学的某项任务当"抓手",从学生实际出发,利用一切可能,促进学生的自主性学习,使其在语文学习中获得强烈成就感,不"开花结果"绝不罢休。

近十多年来,这样的例子有不少。或从课文入手,或读经典,或专题写作,或人物题咏,或全班或局部,或一两周或几个月,教学中许多生动的例证,都具有相当的震撼力。统观这些教学实践,所采取的都是在"一篇篇讲课文"之外的另类教学方式。

我觉得,这些不妨名为"任务引领·多元自学"的语文教学方式,或"语文自主性学习"的教学方式。让它与过去人们熟悉的某些教学方式并行不悖,相信这对促成大面积语文教学的腾飞,非常有益。我向本次研讨会提交的论文,回顾了"课改"十多年来老师们这些实践探索的成果。

论文里的看法，限于时间，这里不展开。我只想说，语文教学是实践性很强的学科。我们中国语文教师的教学实践，丰富多彩，今后，理当更加多彩多姿。

本次研讨会，以"新中国70年语文教育"为题。如果把今天和70年前相比，在队伍、资源、设备、教学理念与改革意识等诸多方面，真是判若云泥，天渊之别。70年来的语文教育成就，无疑值得认真总结。

同时，我觉得我们还应关注最近的一件大事。不久前，国家第一次为28位先进人物授予了"国家荣誉称号"，其中一位是"人民教育家"于漪老师。我想，这很值得我们深思——教育，基础教育，语文教育，语文教师，语文教学实践——对这五方面的"高度重视"，都凝聚在70年来这一不寻常的称号之中。

如果语文教学实践被充分重视起来，如果广大语文教师的实践探索不断得到加强，那么语文教学就一定能腾飞，广大语文教师的渴望就一定能实现。

我向本次研讨会提交的《"课改"背景下语文教学方式的改革》一文，初步论证了"任务引领·多元自学"这种语文教学方式。或者说，这是在某学习共同体中自主性学习的语文教学方式。限于水平与视野，抛砖引玉而已，希望能为语文教学实践提供助力，更希望在实践中得到完善。

2019年12月8日

二、"课改"背景下语文教学方式的改革
——任务引领·多元自学

中华人民共和国成立七十年来,语文教学改革不断推进。20世纪80年代出现一波高峰,21世纪初启动的"课程改革"进一步深化了语文教学改革。在改革不断深化的背景下,语文教师的渴望——让语文教学生机勃勃,让语文课成为学生特别喜欢的课,让语文教学质量大大提高——越来越多地变为现实。

语文教学改革,涉及教育观念、相关政策、课程设置、教材编写、教师进修、环境设施、资源技术等多方面问题。而一线教师则离不开日复一日地上课、备课、处理作业、学生工作……一言以蔽之,与教师关系最直接的是"怎样上课"。可以说,深化教学改革,对一线教师来说,主要意味着不断优化教学方式,提高上课质量。

语文教学改革的最终目的,与其他学科教学一样,都是更好地立德树人。区别,在于过程。语文教学是帮助学生在"对别人的表达,理解得更准确,而不是相反;使自己的表达更到位,而不是相反"的实践中,实现立德树人这一根本目的。这种实践,是语文课的基本内容,也是从事任何重要工作都不可或缺的文化修养。而所谓语文教学方式,其实也就是怎样帮助学生进行这种实践的方式。

所以，大而言之，语文教学方式的优化，会影响学生一生的成长发展。

一

十几年前启动的"课程改革"，突出强调了教学方式的转变——使学生由被动学习向主动学习转变，提出自主、合作、探究等学习方式。这意味着，课程改革须以教学方式的进一步改革来支撑。这是中华人民共和国成立以来七十年间对语文教学方式改革最强烈的呼唤。

教学方式，除与教师主观因素相关，还与师生数量质量、教学设施、社会发展、资讯传输等诸多因素相关。这些因素，都会对应用怎样的教学方式产生巨大影响。

中华人民共和国成立初期，我从中学生而跻身语文教师行列，从听老师讲课到自己给学生上课，体验到那时候语文教学方式的不断演进。起初，语文教学以教师"讲"为主，海阔天空，随意性极大。1956年前后，语文教学的规范性要求增多了。我见到最早的"语文教参"是1956年以后编的。"教参"，在一定程度上可看作语文教学方式的隐性载体。语文教师上课，不能过分随意，除让学生读课文外，就是围绕课文来"讲"，"教参"则为此提供支持。那大概可算"课文讲授"方式形成时期。但"讲"得太多，势必侵占学生读写时间。针对此种弊端，便有了"精讲多练"口号，但"讲风太盛"的弊端很难克服。不过，"课文讲授"易于入门，在当时教师学生数量激增的情况下，这种不难掌握的方式，自有其存在价值。更何况，讲授也多种多样。即使都是文学分析或文章串讲，也并不相同。或发挥感悟，或联系写作，或娓娓而谈，或犀利幽默，或激情感染，或智慧启迪。"课文讲授"中也有许多值得继承的宝贵经验。

20世纪80年代，以于漪、钱梦龙、宁鸿彬等一批前辈的课堂教学范本为标志，语文教学方式由"课文讲授"向"课文导读"迈进了一大步。"导读"，指教师引导，使学生在阅读中不断有所发现。在重视"启发性"这一点上，"导读"与优质"讲授"相通，但"导读"要求把"启发"更切实地落脚到学生的阅读、表达之中。这样的好课，极大增强了学生对语文课的满意度。一大批前辈，为语文教学方式的这种转型做出了巨大贡献，值得借鉴之处很多。

一般来说，"导读"比"讲授"难。"导读"，要求教师不仅要"吃透"课文，还要能根据学生情况对课文做详略处理，做"问题化"处理，使学生的阅读形成某种不断思考并相对完整的解读过程。许多优秀的"导读"课例，睿智之光四射，令人叹为观止。

不过，进行"导读"，在学生自主性释放这个问题上，仍存在不易克服的瓶颈。

1983年，我请钱梦龙老师到我教的班上来上观摩课，导读《故乡》。他让我把课安排在上午三、四节，要求第四节不要铃响下课，要等他宣布下课才下课。为什么呢？原来，钱老师必欲使学生的提升达到他的预期。他并不要求学生掌握有关问题的结论，而是让学生在相关文段的理解上确实得到启迪，有所发现。在钱老师的引导下，这个预期实现了。几个开始很木讷的学生，下课前，的确在主动性和认识水平上，都有令人振奋的表现。真是听君一次课，胜读十年书！这种真正落脚于学生的精彩导读，令我终身受益。但问题也来了。课后，一位老教师给赞不绝口的同行们泼了瓢冷水：人家钱老师能这么"玩得转"，你能行？而钱老师宣布下课时，铃已响过近十分钟。

在让学生主动参与学习这一点上，钱老师坚定不移，不打折扣，并且能把素不谋面的学生调动起来，成功实现了这一目的，导读能力实在高超。但水平高如钱老师，仍受困于"时限"。这说明"导读"对教师的机变能力，远超一般要求，也反映学生主动性与课时规定性存在不易克服的矛盾。如果是知识讲授，那么严格规定时限，很合理。而如果追求学生主动性的发挥，那么严格规定时间，就未必合理。因为作品的长度、难度，学生水平的参差度，都存在太多"变数"。硬性规定时间，就可能产生很大矛盾。要么，抑制学生的主动性；要么，即使激活了学生主动性，也只得不了了之。启而不发，"导"而无果，越俎代庖，匆匆收场，这些情形数见不鲜。我的体会是，所有的课都去"导"，很难，但每学期有若干节课，"导"得兴会淋漓，是完全可能的。而果真如此，语文教学质量便能有很大提高。

学校上课，不能不统一规定时间。教师在规定时间以内的言传身教、耳提面命、潜移默化，对立德树人有着不容低估的作用。因此我认为，严格限时的"讲授"应高度重视，"导读"则应大力提倡。

而在语文课程改革的进程中，我们还应鼓励大胆创新，加大对语文教学方式进一步改革的力度。

二

十几年来的课程改革，呼吁教师要把学生自主学习的潜力进一步释放出来。广大语文教师为此不畏艰辛，付出极大努力，在教学实践中进行了许多充满活力的创造。我视野有限，但管见所及，许多教学案例确实令人欣喜不已。老师们从实际出发，激励学生自主学习，效果突出，反响强烈，凸显了对语文教学方式改革的进一步探索。

有些案例，以课文为抓手，为学生读写活动营造了非常广阔的天地，如北师大附中邓虹老师关于鲁迅作品的教学，北师大实验中学汪文龙老师关于古代诗歌的教学。有些案例，以写作为抓手，组织全班甚至全年级学生开展十分成功的专题写作活动，如北京四中韩露老师的《和某人的一次偶遇》；高一年级"传统节目"——《身边陌生人》的报告文学创作。有些案例，围绕某文集或某些经典作品开展专题阅读，如北京五中王屏萍老师的《史铁生散文》阅读；张婷老师以《乌江水边忆项羽》为题，组织对《项羽本纪》《高祖本纪》《淮阴侯列传》等名篇的阅读；贾琳老师以《浸润古朴诚美的民族精神》为题，进行《诗经》的专题阅读。又比如清华附中张彪老师，结合初一学生特点，以知识竞赛、人物题咏，自行编排、摄制"八十一难"影视剧，开展全年级竞赛等多项活动，进行《西游记》阅读。有些案例，设计没这么庞大，但学生参与的广度与质量也很可观。比如北京十六中教初二的龙文娟老师，学生多为外地打工子弟，她紧扣学生特点，从"诗歌鉴赏"入手，引导学生广泛参与诗歌写作，课上分享创作成果，不少诗歌抒写真情实感，水平很高，二十多位听课老师无不为之动容。

限于篇幅，以上所谈案例，不到我所见的五分之一，但已可看出，在转变学生学习方式上，老师们善于整合资源，巧于为学生创设"平台"，使初、高中学生在阅读写作上均可获得前所未有的成功。老师们的这些创造，无疑是推进语文教学方式改革进一步深化的宝贵资源。

在教学方式上，这些案例与"课文讲授""课文导读"方式迥异。老师们不局限于课文解读，力求把学生"读、写、听、说"活动开展得更充分，让更多学生更有成就感，使学生作为学习主体的角色得到更充分体现。老师们在"课改"精神启示下，以扎扎实实的实践，推动着语文教学方式的进一步转型。

十几年来的这些案例多冠以"双课堂"之名。所谓双课堂，即以"虚拟课堂"与"现实课堂"优势互补所构建的一种"时空域"，事实上这也是一种新的学习共同体。这些案例，都借助了网上"虚拟课堂"的工具软件。该软件利用信息技术"实时、多向、多层互动""多元多层设置任务""全息记录""自行统计"等功能，使学生广泛开展的自主性学习得以持续推进，使学生主动性不断得到激发，且便于引导。不过，"双课堂"所表达的主要是如何运用信息技术的理念，回应的是信息技术怎样用的问题——让信息技术帮助语文教学做"早就该做，而过去不好操作"的事情。

若从语文教学方式演进上看，这些案例，明显反映了"课文讲授""课文导读"方式的蜕变，不妨称之为"任务引领·多元自学"方式的探索。如求简练，也可名为"引领自学"的语文教学方式。

引领，即以某项任务引领。也就是说，为了开展读写活动，必须设置某项或某几项任务来引领。任务的提出，可从作品解读的需要入手，但不以重复"专家解读"为归宿，而以使学生得以开展兴致盎然的读写实践为依归。任务的提出，是个由头，在执行过程中则具灵活性，可从学生实际出发及时调整，学生也可参与调整。为了便于各类学生积极参与，确保自主性学习的质量，任务的设置宜多元、多层呈现。如果仅为"一元"，势必难以调动各类学生的主动性。

自学，指在某个学习共同体中的自主性学习，即读、写、听、说等多维度的语文学习实践。或诵读，或课文延伸阅读，或专题阅读，或专题写作，或研究某类语言现象，等等。这种自学，与"多读多写"紧密结合，可兼容探究学习与合作学习。这种自学，不同于纯个人的"自学"。

这种"引领自学"的教学方式，一般不把对作品全面、深度的解读视为重中之重，而把作品或相关资料的阅读看作引发学生自主学习的契机，把学生走近作品并开展多姿多彩的自主性学习视为重中之重。为此，既要在任务设置以及灵活调整上多下功夫，使学生的"闪光点"不断发扬光大；又要高度重视学生之间的相互激励作用。引领者始终坚信：学生之间"正能量"的激励，往往比教师作用大得多。

这种"引领自学"，以学生自主性学习"开花结果"告一段落，而拒绝走过场。教师要充分尊重学生，倾力于发动学生。而这也就很难像过去"课文讲授""课文导读"那样，在规定的几课时内完成作品解读。某一任务引领下的自主性学习，可能时间跨度较长，但所占用的现实课堂时间不用很多。比如北京五中王屏萍老师《史铁生散文》阅读，读的是一本散文集，学生写作的文字总量近三十万字，时间跨度超过两个月，但现实课堂只用了三节课，都是在发动学生的"节点"上，解决了课下难以解决的共性问题。时间跨度较长，是"引领自学"与过去"讲授""导读"方式较明显的不同。

引领自学与讲授、导读，作为不同的教学方式，其"数学模型"很不相同。这里所谓的数学模型，指教师和学生在某"时空域"里的行为轨迹所形成的模型。讲授、导读，基本上是围绕某个共同线索推进，该线索上的某些焦点可呈发散态，发散度愈高，效果可能愈好；引领自学，则是在多元引领下的多线索推进，形成的焦点可能很多很多，发散度则更要高得多。

三

为了进一步推进语文教学改革，有必要加大对"引领自学"这种教学方式进行实验探索的力度。

语文教师的敬业精神，对文本的深入理解，与学生的良好关系，对教学基本原则的掌握，永远都是搞好教学的前提。语文教师的品德素养、人格魅力，随时都会产生重要作用，有时会影响学生一生。这些，无论探索何种教学方式都不容忽视。

但对教学方式本身的探索，仍须充分重视。因为它毕竟与广大语文教师的职业行为紧密相关。长期以来，语文课，特别是高中语文课，学生不感兴趣，认为语文课没给他什么帮助，这是语文教学大面积上的沉疴痼疾。其所以很难疗治，应当说与语文教学方式不适应学生母语学习需求有很大关系。因此，加大语文教学方式改革的力度、尊重学生学语文的实际需求、开展自主性学习，是非常必要的。上面所举案例证明，"引领自学"取得一次较大成功，学生的语文学习生态必会得到明显优化。或者说，"引领自学"方式的成功运用，对根治痼疾有显著疗效。

目前，人们普遍关注《普通高中语文课程标准》所提出的"整本书阅读""任务群学习"。无论是"整本书"还是"任务群"，都不是过去"单篇课文"的概念。在这样的背景下，尝试推进"引领自学"教学方式实验，有很大现实意义。

为了加大语文教学方式探索的力度，在策略层面，我有两点建议：一是"下场透雨",二是"并行不悖"。

第一,下场透雨

如果把教学比成种庄稼,那么有点儿雨,庄稼就死不了,而若能适时下场透雨,则必是另一番景象!下透雨与有点儿雨,优劣自明。学生的语文自主性学习也如是。有一点儿自主性学习,肯定对学生有益,但何如让更多学生充分感受自主学习的愉悦?何如让他们在自主学习中创造出前所未有的成就?

语文自主性学习,对提高语文教学质量意义重大,应下决心把这件事做好。不少老师在"引领自学"方式上已经初步"趟"出成功的路子,这说明在大面积上适时多下几场"透雨",完全可能。

从策略上说,下场透雨,有"打歼灭战"的意味。让语文老师把每堂课都上成自主学习的"样板",并无可能。"讲授""导读"搞了半个多世纪,语文课生动、主动的自主学习局面,似乎还很遥远。那么,我们为什么不在"引领自学"上下点儿功夫,在语文自主性学习上"动点儿真格"?

上面举的案例说明,语文自主性学习的成功并不是名校名师的专利。北京十六中,是五环路外的"一般校",但在语文学习上,那里初二学生的潜力难道不令人刮目相看吗!类似情形,还出现在朝阳区其他几所一般校。昌平一中,远在六环路以外,但最近开展"引领自学"的研究课,学生们自主学习的状态也是可圈可点的。这说明"引领自学"方式具有普适性。

水过地皮湿,不如下场透雨。一位语文老师,如果每学期都能让学生的语文自主性学习下一两场透雨,那么这位老师的语文教学质量一定会提高,再提高,路子会越走越顺。

第二,并行不悖

进行"引领自学"方式的实验，强调的是在学生自主性学习上，"把雨下透"。与此同时，还有大量的教学任务要完成。怎样去完成？完全可按教师自己熟悉的方式去完成。在总体策略上，这就是并行不悖，或者叫多种方式并举。"引领自学"的实验不能"单打一"。"讲授""导读"，包括语文教师所熟悉而行之有效的其他方式、方法，都值得进一步探索、完善。

"讲授"要不断改进。"讲授"不等于"填鸭"。文道统一、深入浅出的讲授，其启发性不容低估。应不断积累成功的"讲授"经验。而"导读"方式用得好，师生积极互动，有效互动，更是十分难得的课堂教学佳境。这样的课什么时候都不嫌多。所谓加大语文教学方式改革的力度，不能"一刀切"，不能是此非彼。否则，就会胶柱鼓瑟，很难演奏出好曲子。

只有"并行不悖"，才利于"引领自学"方式的实验，利于在学生自主学习上取得突破性成果。这种实验，在各类学校各个年级都可开展。但要把实验搞好，就一定不要被"一课书几课时"的习惯束缚住。成功的自主学习绝不可能"齐步走"。激发自主性所必需的"预热""互动"，既要抓紧，又不可操之过急。课下需要多少时间，就须投入多少时间。而这并不妨碍其他教学内容的讲授、导读。也就是说，语文教学任务多元化、多元推进，应是改革的常态。

加大教学方式改革的力度，要对不同教学方式所适宜解决的问题，对教学任务设置的各自特点，对各自的发力点、各自追求的"闪光点"，以及各自所借助的手段，都有比较清楚的了解。但在教学实践中，不一定要把教学方式都搞得泾渭分明，井水不犯河水。重要的是努力"做"起来。在语文教学方式、方法上，应支持鼓励教师结合不同实际情况积极创造。

讲读、导读、引领自学，它们之间可以有哪些结合方式？在错别字问题、诵读问题上，能不能采用"引领自学"方式求得突破？许多问题，都要通过广大教师的实践，在语文教学改革中不断创新，不断获得新的认识。

总之，推进语文教学方式改革，只要"咬定青山不放松"，就一定会让语文教学生态更优化，语文教学质量更高。

教师的成长发展，是推进语文教学改革的关键。而践行教学方式改革，则是教师成长发展的一个重要平台。十几年来，一批教师在实践中所创造的"任务引领·多元自学"方式，无疑是这个重要平台上一个新型资源品种，希望它对优质教育资源共享，对广大教师共同实现语文教学的梦想，提供助力！

2019年11月24日初稿
12月24日修订

三、突围与尝试

——李煜晖《高中语文专题教学理论与实践》序

《高中语文专题教学理论与实践》堪称"力作"。作者在"专题教学"上的成熟思考与创新尝试,在理论与实践结合上所达到的深度与取得的实效,都使人有耳目一新之感。作者对语文教学突出重围的强烈渴望,令我受到触动,相信也能使一切渴望"突围"的语文教师获益。

一

突围,自然要明确"围"在哪儿。大概可以这样说,凡是取得一定成就的语文教师,莫不曾为走出困境而有所"突围"且奏响过凯歌。李煜晖老师也是这样。十年前一个偶然机会,我听了一些教师的录像课,李煜晖脱颖而出,因而我断定他以往教学一定曾不断冲破困境。不过他这本书所要冲破的困境,与以往有很大不同。这本书所尝试的,是突破语文教学百年来的历史重围。

我国现代语文教学有一百多年历史,我体验了其中一半以上的历程。20世纪80年代以前,语文教学不乏名师,但教学观念上,基本是在"读文章、讲文章"的框架里施展拳脚。大略而言,叶圣陶先生所倡导的"精读""略读"与50年代"学苏联"的文学教学,可反映那时两种基本倾向。我60年代初从事语文教学工作，对此感受深、获益也多，但同时又深感问题不小。尽管语文课无论按遣词、造句、布局、谋篇的路数走，或遵循背景、主题、内容、写作的文学解读范式，都能上出"好课"。但整体来看，学生不喜欢语文课的现象仍极为普遍，语文教学整体上仍在"困境"之中。语文教师与其他科目教师最大的不同，是其他科目教师，如果大学本科学得不错，那么毕业后很快便能愉快胜任，而语文教师却可能十几年仍在困境之中。其他科目，比如数理化，学生缺一周课，就非赶紧补上不可，语文课却缺课一年也不要紧，甚至该生仍可能是班上语文学习的佼佼者。

20世纪80年代，语文教学观念发生了重大变化。在叶圣陶、吕叔湘等前辈引领下，"读、写、听、说"的语文应用实践，取代了"读文章、讲文章"。变化不可谓不大，意义也非同寻常。在教学实践中涌现了于漪、钱梦龙、宁鸿彬等一大批名师。尽管其风格各异，但共同点则是完全挣脱了"遣造布谋""背主内写"的文本讲授束缚，而以"导学"方式施教；尽管其所凭借的仍是一篇文章，但"导学"的落脚点则无不是学生在"读、写、听、说"的语文应用上所激发的热情与凸显的成果。不过，语文教学观念上这种深刻变化，在大面积上还远远没有结出硕果。个中原因很复杂，固然有不少值得总结之处，但总之，在以后一个相当长的时期，语文教学仍很难令人满意。这本书所谈的一种现实"困境"，反映的当是20世纪90年代和21世纪以来的现实，颇值得深思。

书中谈到"语文教学之困"，有如下一段话：

> 对我们的培养对象来说，他们似乎并不关心教育部门的政策要求，也不在乎专家学者对他们未来做出的论证，更不会

研究教育理论或教育演进的复杂历程——事实上，很多学生连自己母校的校训都解释不清。他们坐在教室，就像顾客坐在餐厅，只关心眼前的食物是否美味、食材是否新鲜、就餐环境是否整洁、价格是否合理、服务是否热情。这些直观而真切的体验，让任何修饰或辩解的语言都显得苍白无力。如果有一种或者多种体验总不能达到期望，即便他们不去消费者协会投诉，也会默默打个差评，不再光顾。当然，现实生活中学生因为对教学质量不满而转学、退学还不多见，他们用自己的一套办法表达情绪，例如消极怠工、敷衍了事或者沉默不语，挨到毕业，再把这门学科弃如敝屣……这种情况每天都在不同地区、不同年龄的青少年身上发生，我就有类似的学习经历，相信和我一样的读者也不在少数……

这与我四十多年前所感到的学生"缺课一年"也无所谓的状态何其相似乃尔！

为了改变语文教学这种令人尴尬的状况，近年来不断修订的语文课程标准在不断"发力"，力图把20世纪80年代以来语文教学观念的改变再向前推进一步。李煜晖上面那段话并非是发牢骚，他清楚意识到必须使学生不断获得"达到期望"的体验，便反映了他对深化课改的精准理解。他为此而决心"啃硬骨头"，在篇章路数、文学范式之外另辟蹊径，以相当大的力度进行"专题教学"尝试。他决心很大，谋划周详，脚踏实地，刻意创新。这本书各章无不凸显着这样的追求。这是该书极可宝贵之处。

倘若有更多的语文教师都能如此追求，那么21世纪的语文教学，定能进一步突围奏凯！

二

开展专题教学，是深化语文课程改革的需要，也是语文教学百年"突围"的一个重要突破口。《普通高中语文课程标准》近一轮修订所提出的"整本书阅读"，是20世纪80年代以来语文教学观念的重要发展。如果说"读、写、听、说"的提出，是对"读文章、写文章"模式的突破，那么"整本书阅读"，便是进一步为"读、写、听、说"的载体和方式提示了既有所遵循又十分灵活的路径。以"专题教学"来实施"整本书阅读"，可成为教师组织各类学生更广泛地参与读、写、听、说等语文实践活动的重要"抓手"。20世纪80年代以后"导学"名师们的语文教学实践，创造了十分宝贵的经验，但无可讳言的是，在各种因素制约下，学生的"主动参与度"仍不免受到很大局限。学生永远是参差不齐的。要让能"飞"的飞起来，飞得更高更远，让不会"跑"的也能跑上一段，甚或成为异军突起的飞将军，语文教师就必须有更多的"抓手"。这是"专题教学"的重要价值所在。不过这件事做起来相当不易。几十年相沿成习的"课文教学"怎么就能变成"专题教学"了呢？可喜的是，李煜晖这本书，让我们看到他确确实实为语文教学的"突围"撕开一个大口子，也为如何撕开这个大口子提供了可资借鉴的宝贵经验。

没有教学理论不行。但只有依存于实践、被实践证明确有指导意义的教学理论，才能"管用"。一切与语文紧密相关的理论，都对语文教学有参考价值。但多年来，与语文现象紧密相关的"静态描述"维度多、层次繁，如此生成的理论愈多，便离学生的语文应用愈远。语文应用是动态的。语文教学既要求教师能把对各种语文现象的掌握转化为自己恰当的语文应用，还要求教师善于使各类学生把相应的语文现象转化为他们各自的、成功的语文应用。这样，语文教学才能让学生不断获得"达到期望"的满意体验。倘能如此，就不致使教室里的学生如同坐在饭馆里的食客。也就是说，语文教学迫切需要更加丰富的、动态的教学理论，专题教学迫切需要指导教师"教"整本书和学生"读"整本书的理论。否则，整本书阅读，可能就等同于整本书"讲座"了。我感到，李煜晖在构建"专题教学理论"上意识到了这一点。正因为如此，他在"突围"的尝试中，果真"撕开一个大口子"。

我对"专题教学"的理论所知有限，但我觉得李煜晖在《呐喊》《彷徨》《故事新编》专题教学中的定位——"侧重阅读发现""聚焦专题研究""完善学术写作"，反映了理论思考上的深意。读《故事新编》也可以"侧重阅读发现"，读《呐喊》也可以"聚焦专题研究"。"发现""研究""写作"，完全可以适用于其他经典作品，适用于其他专题教学。这是对学生参与阅读活动方式的不同概括，三者虽有交集，但区别也很明显。李煜晖以大量教学活动证明了三者引领的可行性，证明只要教师耐心启发，学生积极参与，历经必要的反馈，那么由浅入深、循序渐进的专题教学活动一定能大放异彩。

例如，结合《呐喊》《彷徨》阅读，学生所形成的论文提纲便值得刮目相看。下面这份名为"'我'与鲁迅"的提纲比较长，为行文简省些，我把它压缩如下：

鲁迅34篇小说中，13篇涉及"我"的形象，对形形色色的"我"的分析，有利于窥见鲁迅小说的叙事艺术，有利于加深对鲁迅思想的理解。本文以"我"与鲁迅之关系为视角，阐述不同类型的"我"的叙事功能和形象特征。①"我"非鲁迅：纯粹的叙事者形象，例如《狂人日记》中的"我"（外部叙事者）和《孔乙己》中的"我"（局中人）。②"我"即鲁迅：真实的代言者形象，如《社戏》和《鸭的喜剧》等。③"我"似鲁迅：矛盾的彷徨者形象，既可视为独立的艺术形象，也可视为鲁迅对"第二自我"的批判，如《彷徨》等四篇小说。

结语：从纯粹的叙事者，到思想情感的代言人，再到矛盾的彷徨者，鲁迅小说中"我"的发展演变，是鲁迅对小说叙事艺术探索的结晶，也见证了鲁迅本人从"呐喊"到"彷徨"的心路历程。

鲁迅是善用第一人称写小说的大师，一个"我"字在鲁迅笔下具有异乎寻常的表现力。这份提纲的观点，容或可商，但把鲁迅小说中的"我"，揭示得如此清晰而充分，即使与一般专业研究者相比也未遑多让，而它确确实实出自高中学生之手。这份提纲与"应试作文"大异其趣，但无论从哪方面说，这样的提纲难道不更值得大力提倡吗？如果学生不断取得这样的"语文"成果，那么专题教学难道不会渐入佳境、活力四射吗？

该书中对这份论文提纲产生的过程交代得十分清楚，我们很容易看清学生阅读理解的来龙去脉，也不难了解其中历经怎样的演进、飞跃，而产生"质"的变化。深入了解其"过程"，非常重要。对于什么是专题教学理论，如果仅欲求得一般了解，那么这个过程完全可以"略读"。但如果准备自己把专题教学搞好，那么这个过程就必须仔细揣摩。"管用"的理论总是与实践"过程"紧密结合在一起的。

以上谈了些皮毛的一隅之见，远未窥其全豹。该书在"专题教学理论"的构建上，内涵丰富，体例详备。李煜晖在三个专题教学"尝试"基础上对理论构建的反思，具有很强的普适意义。

据我所知，近年来不少教师已在尝试专题教学。《论语》《三国演义》《红楼梦》《西游记》等大量经典作品的"整本书阅读"已经进入语文课堂。勇于尝试者、效果突出者，不乏其人，也不乏成功的案例。但如何进一步提升，则有赖于在专题教学理论与实践的结合上进一步思考与完善。我相信，该书在师生关系、教学模型、教学策略、多元化教学等方面的思考，一定能在未来的专题教学实践中产生巨大推动作用。

三

"围"在哪儿？在这个话题上，我还想再说几句。

对于一个想要突破困境的语文教师来说，说到底，其实"围"在自身。某些"藩篱"其实不难逾越，而因自缚手脚，便陷入了困境。清代百科全书式的顶级学者戴震，幼时有这么一段故事。他七八岁时，塾师教读《大学》，读到"右经一章"云云，戴震产生不少疑惑，连发数问。塾师词穷，不禁愕然。但这位塾师很不简单，愕然之余，便让戴震去自读《说文解字》。不几年，戴震群经自通。这位塾师意识到这孩子不寻常，便让他不必像别的孩子那样跟着学了。师道尊严，没有成为藩篱；多元化教学，自然而然——别的孩子还是一句一句背诵《大学》，戴震却一骑绝尘，早去读"整本书"了；科举考试也没有成为藩篱，这位塾师肯定没认为戴震跟着自己亦步亦趋就能"考"出什么名堂。当然，今天班级教学体制下的语文教师与清朝的塾师完全不可同日而语，但"教学"二字是相通的。

从该书来看，我觉得李煜晖是善于自觉化解藩篱的好手。书中有这么句话：

> 在新的目标定位下，师生关系、阅读材料、教学内容和教学方法因之变革，重构的教学模型可视为课程单元设计的一种本土经验。

这句话浓缩度高，信息量很大，且不去多说。仅其中"阅读材料"一语，便让我感到很有意思。不是教材，不是阅读文本，不是哪几种文体的作品，也不是一本书或几本书，但也可能都是。学生在语文应用中须臾不可或缺的凭借，难道不正是可能如此也可能如彼的阅读材料吗？可能是《药》里面写刽子手与康大叔的相关语句，也可能是《呐喊》《彷徨》里第一人称写作的十几篇小说，等等。倘无这样的宽泛考虑，那么所谓教学"设计"恐怕很难贴合学生需要。在李煜晖的三个专题教学尝试中，我没见到各种专门知识、专业术语的"藩篱"屏蔽，也没听到"教师爷"在云端里的自说自话，却清楚看到各类学生对各类语文现象的关注思考，充分感受到学生在语文应用中不断攀升的快意。李煜晖这本书，并没有反复申明"从学生实际出发""从语文应用实际出发"，但两个"实际"深深融入他的全部尝试之中。我想这是语文教学"突围"的根本保障。对这两个"实际"永怀赤诚之心，立德树人的大道亦在其中，各种藩篱"化"矣！

化解各种藩篱，要求教师对种种不利于学生发展的倾向有清醒的反思。读该书第一章"行动准备"，我感到李煜晖这方面的反思非常充分，而其充分反思并不在于把什么什么批判一通，也不在于跟什么时髦，而在落脚于积极的教学尝试。"我"是谁？"我"是干什么的？"我"能把什么干得更好些？这一点无时或忘。当下各种理论、观念纷然杂陈，李煜晖老师的这份"定力"尤其值得学习。

也许，有人会觉得这本书三个专题教学的尝试，在组织学生参与方面的工作太过繁难。我觉得，教师倘无急功近利之心，那么在研究学生语文学习的过程中必能坚韧不拔。而目前学校软硬件设施越来越好，充分利用信息技术手段，正是今天语文教师得天独厚的条件。在组织学生参与方面，我相信，一定会有更多教师创造出足以与该书媲美，甚或超越这本书的"突围"尝试。我觉得这也正是这本书的题中之意。

我与煜晖老师仅有匆匆数面之缘，平时交流不多，该书行将付梓，蒙其丐序之殷，便谈了些我的"触动"，未必贴切，谨聆教方家云。

2020年12月15日

四、严谨治学　深入浅出

——杨志刚《亲近经典》序

严谨治学和深入浅出，是北京四中的教学箴言。杨志刚老师这本书，让我不由想到这两句箴言。

历届四中校长常以"严谨治学"勉励教师，强调教学要像学者治学那样严谨。的确，教学是实践性很强的一门学问。不管讲课、作业还是命题、评卷，都是学问，若无对学生高度负责的严谨态度，是一定搞不好的。而"深入浅出"，则专就"讲课"而言。教师讲课，是"教"与"学"互动的基本方式。要提高教学质量，优化互动效果，讲课就须深入浅出。四中教学代表人物，如刘景昆、张子锷"二老"，都是深入浅出的大师。早在五十多年前，"深入浅出"即被列入四中十大教学原则，至今还镌刻在教学楼门外。

深入浅出与严谨治学紧密相关。倘若能"深入"而不谙"浅出"，未必不能把学问做好，但那不是"教学"这门学问。而若片面追求"浅出"，把对学生负责的严谨态度置诸脑后，则易背离育人宗旨。

这本书是杨老师的"讲稿"，再现了他对几十篇古代经典的精彩讲授。书中并无严谨治学、深入浅出的字样，但在在体现着他严谨治学的精神，生动反映了他深入浅出的教学特色。

一

杨老师的讲稿,覆盖了先秦泊于两宋的大量名作,可谓琳琅满目。就个人而言,这些讲稿反映了他12年来的用功不辍,留下了他严谨治学、扎实进取的艰辛足迹;就语文教学而言,这本书告诉我们,一名语文教师,如果肯在"讲课"上勤下苦功,那么他的教学定会步入佳境。

杨老师2007年来四中任教。那时一个偶然机会,我看到他班上学生读《庄子》的作业。学生们对"圣人无名""神人无功"的感悟,思路开阔,见解卓异,我觉得即使专业研究者也难有如此妙想。这样的教学效果给我留下深刻印象。但直到2018年,我才第一次听他讲课。那是在外地举办的一次全国性教学活动,主办者让我推荐讲"观摩课"的人选。一位常到中学听课的教授,说起几个他印象突出者的名字,其中有杨志刚。于是我便毫不犹豫做了推荐。在这次全国性活动上,我第一次领略了杨老师讲课的风采。他在这次大型观摩活动中的优异表现,令人刮目相看。

十几年间,杨老师在教学上迅速成长,得力于四中语文组严谨治学的浓厚氛围,得力于他本人在"讲好课"上的不懈追求。这本讲稿完全可以说明,刻意揣摩,把课"讲好",对提高语文教学质量至关重要。语文教师倘不多读勤写,绝不可能把讲稿写好。而把讲稿写好,恰恰"直击"了教学中"讲"这一关键环节。语文教师,如能坚持不懈地要求自己把那些对学生很有启发性的话写下来,写好它,那么他的教学质量一定会得到极大提高。

多年来,语文教学看重"教案",而不是"讲稿"。所谓教案,大多是把"教参"中对作家作品知识的解说,转换成某种教过程的设计，以为把这个复制到课堂上就行了。其实，这与课堂上所需要的"教学互动"还有极大距离。近年我读过些据说很不错的"教案"。也许我年龄太大，读起来颇感吃力。而读杨老师这本书，却感到轻松愉快。足以激活学生思考的点拨，扑面而来，比比皆是。看来，语文教师若不在"讲"字上痛下功夫，终是重大缺陷。对教学全过程有所谋划的教案，原属必要，但究竟讲些什么，怎样讲才好，万不应忽略！

"讲风过盛"诚然是语文教学的"痼疾"，但那指的是在课堂上不厌其烦地搞"教参搬家"，或没完没了"扯闲篇"。这些无疑都应在涤除之列。但绝不能因此忽略了讲授水平的提高。备好课，是教师一辈子的事。而倾力提高讲课的启发性，永远是备课的重中之重。语文教师要习惯于深思熟虑，要反复揣摩怎样"讲"才更到位，还要尽可能落实到纸面上，反复审视，看看究竟能不能站住。

"讲得好"，对语文教学永远是重要的。鲁迅当年讲课，据说教室窗外挤满人，都是来听"讲"的，可见其"讲"的魅力。翻《鲁迅全集》不难看到，许多名篇其实便是"讲稿"。文学史家称之为"杂文"，不知教育史家肯否归之为"学生为主体"的优秀课例。那时"讲得好"的并非只有鲁迅一人。据老辈人讲，20世纪30年代辅仁大学有位缪先生，把庄子《天下》篇讲了一学期，一时京城盛传"缪天下"，想来也是"讲得好"之一例。这是大学课例，中学也不是没有。20世纪50年代初，北京四中语文组白熹三先生，以讲"三表"（《出师表》《陈情表》《泷冈阡表》）享誉京城，这是首师大中文系总支书记刘国盈教授亲口告诉我的。20世纪60年代中，他听说我分配到北京四中，特意向我说起此事，但很遗憾，我与白先生竟缘悭一面。

写讲稿,不是写"讲义"。"讲义"系统性强,类似于教材,讲稿则灵活得多。我提倡教师写讲稿,也不是说要把一堂课怎样讲从头至尾写下来。确切点说,我主张教师要重视写好"片段"。我个人的体会是,许多问题怎样讲,往往一时想不清,须假以时日。翻资料时想,做饭时想,骑车上班时也想。确乎想清楚了,最好用文字凝定下来,到上课时便不难运用自如。那些凝定下来的文字,最初大多随手写在纸片上或课本空白处。有工夫,再写在什么本子上,便有点讲稿片段的模样。可惜,我这方面的积累很不够。但即使如此,我觉得对自己教学上的进步也有异常重要的作用。倘若对课上"讲"些什么,不去千锤百炼,精益求精,那严谨治学岂不落空吗?

　　这次读杨老师这本讲稿,钦羡之余,深感后生可畏。他勤读勤思勤写,积累宏富,颇多新意,值得大大赞赏,值得认真学习。

二

　　在讲授方法上,杨老师这本讲稿可学处颇多。最值得借鉴的,是"深入浅出"原则的成功运用。

　　书中讲的都是古代经典,但即使是相当深奥的经典,杨老师讲起来也让人感到触手可及,平易生动,这正是深入浅出所取得的效果。那么,怎样才能用好深入浅出原则呢?

　　首先,当然是教师对经典的理解要深入。杨老师书中的讲授,往往是谈作品的某个局部,甚至是某句话,但绝不是孤立地"死抠"字眼儿,而是灌注着某种融通——与上下文、与相关文本、与作者其人其事、与诸家点评诠释、与各种不同见解以及自己的生活经验,紧密而有机地勾连着。这便是深入。一个人,皓首穷经,即使书读得再多，倘不融通，顶多是"书架子"，谈不上深入。张子锷先生的名言是"桶水""杯水"：如果讲给学生听的是一杯水，那么教师必须有一桶水。讲授经典，只有这样才能深入浅出。

经典之所以为经典，在于历经千百年而依然具有鲜活的生命力。因此对经典的阅读，应力求读出自己真切的体验。如该书开篇的《采薇》，杨老师的体验就真切而独到。而之所以取得这种体验，非反复揣摩、深刻理解、触类旁通不可。

对经典的理解是没有止境的。如果用"那人却在灯火阑珊处"来形容我们对经典的深入理解，应当也是贴切的。历经求索，终于有所发现，而灯火阑珊，意犹未尽！在深入理解经典上，宜秉承这种态度。而给学生讲授经典，也宜这样确定目标。

恰当确定目标，利于深入浅出。杨老师这本书定名为《亲近经典》，他所追求的是学生对经典的不断"亲近"，我十分赞成。"亲近"，突出了经典阅读中情感的重要性。教师本人对经典的阅读，若不能发现足以打动自己的东西，又怎么可能去打动学生？对教师来说，这是对深入理解很高的要求。而在教学目标上，着眼于情感，也很符合提高阅读写作修养的实际。"情感"包含大量"表象"层面的认知。对绝大部分人的阅读写作来说，倘若拥有基于表象层面的丰富积累，即已足够。如此立意，利于解放教师手脚，利于增强讲授的吸引力，利于打动学生。这与遵循文本解读常规，从时代、作者、内容、形式等方面逐一解说，是大异其趣的。杨老师的讲授，既紧扣经典文句，又天宽地阔，极擅旁征博引，均体现"亲近"立意。

天宽地阔的"讲"，对吗？"给"的太多，行吗？可能有人会有这样的担心，其实大可不必。在阅读能力的构成中，除了字词的"确认"绕不过去，其余所需要的，主要是丰富的常识，包括言语经验、生活体验。除了专业研究者的专业研读，对一般人的阅读来说，基本不需要太看重什么"专识"。在我们确定阅读教学目标时，实不宜过分看重概念性专门知识的"砸实"。杨老师为了使学生"亲近经典"，很注重帮助学生打开眼界，让学生对传统文化增多"耳濡目染"，这是极好的事！至于学生多掌握点、还是少掌握点，掌握到什么程度，完全可各取所需。这符合深入浅出原则。而若斤斤于什么"知识点"反复"砸实"，恐难免"浅入浅出"，索然寡味。

要深入浅出，讲授便不可千篇一律。分段分层——概括大意——归纳主题——分析艺术表现，或者从头到尾"串讲"，这都无不可，也有能这么把经典讲好的。但千篇一律，就欠妥了。何况这么讲，往往与学生阅读实际的距离较远。所以，要提升教学互动质量，就要善于变化。教师讲授为主，还是学生活动为主，是两大维度。从讲授上说，也可变化多端。把长文讲"短"，让分量沉重的经典举重若轻；取精用宏，让芥子之微亦可折射大千世界；置身于听讲者立场，坦言个人体验过程；综合提炼，搭好"阶梯"，使学生思有所得、学有所获；指点方法，做出示范，为学生自读提示多种门径。在杨老师这本讲稿中，可见出他在这诸多方面的匠心默运。

不过万变不离其宗。不管变换哪种方式，教师一定要千方百计提高讲授的启发性。教师若把启发学生思维贯穿于讲授之中，那么他的讲授，必能较好体现深入浅出原则。若讲授不看对象，不尊重学生，就很易犯深入深出、浅入浅出的毛病。所谓启发，必是讲授者确有某种较深体会，通过讲授，使学生不断有所发现：嗯，原来是这样！不，原来是那样！哦，居然是这样！倘若讲授者在思维强度上把握得当，那么各类学生必有豁然开朗之感，甚至醍醐灌顶之快，那便是最成功的启发式讲授，也一定是最好的深入浅出。

前边所说杨老师的匠心，都可视为启发之法，但真收启发之效，关键还在于启发得当。一般来说，只要选准话题，不搞平面化的贪大求全，而把握住与学生求知欲相契合的合理思路，反复质疑问难，层层深入，不断打开学生视野，使学生不断有所发现，那么，这样的讲授必有很大启发性。这些不妨称为启发式讲授"诸元"吧。在杨老师讲稿中，我感到他对这些是了然于胸的。

书中善于启发的例子很多，《吾与点也》便很有代表性。这篇讲稿在对作品理解的深度上，达到很高水准。但作为"听讲"的学生却绝不会感到隔膜。原因在于讲授思路与学生的求知欲高度吻合。讲授中的追问，穷原竟委，合情合理，牢牢吸引着学生。杨老师从"吾与"讲起，"吾"——孔子，他在"三子"各言其志之后，为什么"独与"曾皙呢？那么"三子"之志是什么？曾皙之志又是什么呢？由此转进，从曾皙的太平图景，进而谈到其本质，从而使学生领悟到孔子"吾与"两字所表达的神往之情。但到这里，思考并没停下来，又进一步探讨孔子"喟然"背后的复杂情感：不能说孔子全无偕隐之意，也不能说孔子不赞同"三子"之志，杨老师最终以极充分的理据，有力烘托出孔子那令人肃然起敬的家国情怀。在这循序渐进的剖析中，再现了"四子侍坐"的情境，绘声绘色，如在眼前；融汇古今，如数家珍，极大拓宽了学生的视野；而讲授者信手拈来的"权威"诠释，更大大强化了讲授的折服力。在这样的讲授中，清晰与宏瞻水乳交融，花开千朵，一本所系。"吾与"二字中的"吾"，始终是学生思考的重点，孔子思想中的精华，具体、丰富、深刻地撼动着学生心灵。读《吾与点也》，令我不由得对杨老师当时的教学悠然神往！

　　深入浅出，不是单纯的方法问题，它反映着讲授者所追求的某种境界。讲授者对所讲内容，必欲掌握得深入再深入，而绝不满足于机械重复别人说过什么话。唯使其言若出己之口，其意若出己之心，始能不断深入。至于"浅出"，本质上是与对话者平等、尊重态度的某种外化。作为教师，不断提高自身修养，便不难打开与学生"分享"某种发现的大门，使情感的沟通、经典的亲近，入于坦途。

　　志刚书成，坚请为序。上面说了许多话，不免拉杂，言不尽意，聊以四中传统共勉云。

2020年　庚子上元之日
2月13日午后改订

五、潜心教学实践 优化教学方式
——张彪《"互联网+"背景下的语文教学模式》序

一

"别裁伪体亲风雅,转益多师是汝师。"读张彪老师这本书,我忽然想到杜甫这两句诗。张老师在"互联网+"背景下,力学不辍,多方取法,确是"转益多师"。而最可贵的,是他殚精竭虑,让互联网技术为帮助学生提高语文学习质量服务,而且取得颇为可观的效果。这说明,面对"乱花渐欲迷人眼"的新技术,张老师慎思明辨,坚持正确方向,这不正是"别裁伪体"的旨趣吗!

我与张彪老师并不熟悉。第一次与他近距离接触是在一年前。当时有人告诉我,张彪用网络搞《西游记》阅读,有个活动可去看看,于是我便去了清华附中。张老师来校门口接我,把我带进大礼堂。原来,他们那学期初一各班阅读《西游记》,开展了许多活动,我来参加的是他们的总结会。这次总结有校领导、家长参加,主要是以优秀作业让全年级分享,并给各项活动中的佼佼者颁奖。大会内容丰富,别开生面。而学生们给孙悟空、唐僧等一大批人物写的"人物题咏"以及自编自演自拍的"八十一难"电视剧片段,令我至今难忘。

我问了坐在旁边的人,知道这个大型阅读活动是逐步推进的,前后历经两个多月，多是利用"虚拟课堂"课外进行，课内一共只用了有限几课时。电视剧则是各班自行分组认领任务、自编剧本、周末找外景演练拍摄，然后发到网上观摩评比。

总结会上，学生们的精神状态给我留下极深印象。看得出，自始至终他们都是这次活动的主角。他们活泼亲切，自信满满，情绪热烈，紧张有序。这些发自内心的表现，是活动成功的重要标志。这种良好的精神状态，正是提高语文教学质量的决定性因素。

我前面说，张彪老师应用信息技术坚持了正确的方向，值得充分肯定，与参加这次总结会的感受有关。而最近读张老师这本《"互联网+"背景下的语文教学模式》书稿，我更进一步加深了这种认识。

二

这本书，是张老师在"互联网+"背景下，积极求索，潜心改进语文教学的实录，也是一本研究语文教学方式的专著。五六年来，他在"四种"教学模式上深入研究——在"翻转课堂教学""双课堂教学""项目式学习""自媒体教学"等方面积累了大量的实践经验，这份对语文教改的决心、勇气，令人鼓舞。这本书有力证明了互联网技术的发展确能为语文教学插上腾飞的翅膀，书中记述了在教学实践中许多宝贵的体验，很值得有志于语文教改者参考。

不过书名上"教学模式"四字，也许会令有的朋友不大以为然。我想就此谈一点看法。

"教亦多术矣"，是叶圣陶先生的名言，叶老强调语文教学的方式方法宜多种多样，不必拘于一格，这见解无论什么时候都是对的。但叶圣陶先生也曾就"精读""略读"发表专论，分别予以倡导。"精读""略读"其实是两种阅读教学方式。如果说这是两种"教学模式"，也无不可。"方式"，也不妨理解为一种放大了的"模式"。所以，语文教师如果愿意对某种教学"模式"进行研究，不仅不足为病，而且应当倡导。当然，若把某种"模式"僵化起来，以为不管什么学生、什么教学任务，都可套用某种一成不变的"模式"，那就欠妥了。

当前，"互联网+"已在很多领域给人们带来意想不到的变化，而在语文教学领域，这方面取得显著成果的教学实例却相当少，仿佛还处在刚起步或尚未起步的阶段。在这种情况下，对应用互联网技术的"教学模式"进行探索，无疑是非常必要的。

某种教学方式或模式，对一定阶段中的教学发展，往往具有重要意义。一百多年前，当"书塾"转变为"学堂"的时候，如果没有"课文"教学这种语文课的基本教学方式，那么，我国当时的这一历史性转变恐怕会遇到意想不到的麻烦。1949年中华人民共和国成立以来，我国教育发展迅猛，语文教师数量激增。语文教学的基本模式，比如"课文讲读"（读课文，讲课文，分段分层，解读课文内容与表现方法），成了大量语文教师走上教学岗位的重要抓手。这种模式弊端很多，但在教育迅猛发展的背景下，若没有这样的基本模式，又怎能保障语文教学的基本质量？又怎能有后来的"熏陶渐染""文章赏析""文本导读"等多种语文教学方式出现？又怎能有于漪、钱梦龙、宁鸿彬等这些前辈们对语文教学方式的进一步发展创造？

近年来网络技术的发展，为语文教学进一步克服"课文讲读"模式的弊端带来了机遇。也就是说，语文教学怎样在大面积上从过分倚重教师的"讲"向充分尊重学生的"学"方面转变，已从相当困难，变得颇为可行。在这样的背景下，张彪老师这本研究语文教学模式的专著，其重要价值是不言而喻的。这本书借鉴了时下很多研究成果，凸显了教师的实际操作。读张老师这本书，你会感到，利用网络技术来提升语文教学质量，并非高不可攀。

三

对于怎样利用网络技术提高语文教学质量，这本书从教学操作上做了很翔实的阐释。但不管我们让语文教学怎样利用信息技术，说到底，语文教学绝不是一项"技术活儿"。因此，读这本书，应当对其中所反映的"学生观""阅读观"注意学习借鉴。张老师在这些方面的理念有许多很有价值的突破，比如《西游记》阅读，就充分站在初一学生的角度，让他们读得有意思，让他们各展所长，而完全跳出了文学史家研究的窠臼。这是他的语文教学取得成功的重要原因，应引起充分重视。

张老师这本书值得学习的东西很多。他对"教学模式"的研究，用了实践与反思相结合的方法，也很值得借鉴。因为任何有价值的教学研究，都源于成功的教学实践。而身为语文教师者，潜心实践，勤于反思，正便于用己之长。否则便是舍长用短了。不过，任何人的实践，又不可避免地具有某种局限性。因此教学中的反思，往往需要历经多次反复，才能上升到足够的理论高度。我想，张老师在对四种教学模式的研究中，一定也想到了这一层。

但我还想就此多说几句。我很支持张老师所进行的实践探索，但毋庸讳言，这里还有很大的提升空间。比如"双课堂"，如果像该书这样，把"双课堂"作为对一种"教学模式"的概括，固无不可。但若放在更大范围，就还可进一步解放思想。如果我们把"双课堂"看作是把信息技术用于语文教学的一种理念，那么基于这种理念，就还可以在语文教学实践中放开手脚，进行多种创造，生成多元化的、引导学生开展语文自主性学习的种种模式。或者说，在"互联网+"背景下，语文教学模式的研究，还有着异常广阔的天地。例如，"诵读"这种最基本的语文学习方式便有着极大的发展空间。

张老师热爱语文教学事业，潜心于语文教学改革实践，已经取得相当突出的成果。相信张老师一定会不断优化语文教学方式，在"互联网+"时代，让语文教学大放异彩。

2021年7月11日修订

六、河出伏流　一泻汪洋

——《中学生课外阅读文选》序

中学生的课外阅读，让我想到"伏流"。

《水经注》说，黄河"出昆山，伏流地中万三千里"。这伏流，潜藏地下，隐匿沟壑，细微者似有若无，洪大者曲曲折折，世人莫知而潺湲不息，迭经梗阻而迂回向前。当其蓄积足够，则一泻汪洋，蔚为大观。岂止黄河出自伏流，任何大江大河莫不如此。

我退休前，有个理科班学生让我印象很深。那时高三每周一份文言篇子，他成绩总是名列前茅。一个理科生，文言这么过硬，令我瞩目。教他语文的科老师告诉我，人家高二就通读了《资治通鉴》，难怪！语文课从不曾要求读《资治通鉴》，一名打算攻读数理的学生居然抽空读了这部大书，我不由触发了关于"伏流"的联想。

这例子也印证了吕叔湘先生一个重要结论。吕先生，大语言学家，而高度关注语文教学。他在一次专门调查之后说：中小学语文教学效果差是"老问题"，"少数语文水平较好的学生，你要问他的经验，异口同声说是得益于课外看书"（《人民日报》1978年3月16日，《吕叔湘语文论集》337页）。这结论当时影响很大，不少从事语文教学的朋友感到难接受，因为这差不多等于说语文教学无能。我那时已教了十几年语文，颇感脸上无光。但仔细想想，又觉得吕先生说得没错。语文课的很多统一要求，虽然未必没道理，但很难适合每个学生，是不争的事实。所以鼓励学生自学，鼓励学生开阔视野，多读些课外书，实在是帮学生提高语文水平的极好办法。那位不声不响通读《资治通鉴》的理科生，包括和他一样潜心课外阅读的其他学生，都值得大大鼓励。遗憾的是，在相当长时间里，并不是所有老师都像科老师那样对此予以肯定与关注。

吕先生是大语言学家，用语精准。他说"真正"得益于课外看书的学生是"少数"。那么多数呢？喜欢课外自己看书的学生不算少，但"真正获益"的并不多。过去是这样，现在也还是这样。原因在哪儿？我想了很久，也找到过各种答案，但从"课外阅读过程"来看，我认为主要问题是两个。一是读得磕磕绊绊还要不要"读下去"，一是究竟怎么就算"读进去"了。这两个问题若搞不清，"伏流"就会遇到阻滞，就会屏蔽水分的补给，于是原本可能一泻汪洋的伏流便消匿于地下了。这两个问题很值得弄清楚。

先说"读下去"。

读书时陌生信息多，如堕五里雾中，昏昏然，还能不能沉住气，坚持读下去？这是读书常遇到的"坎儿"。如果课外阅读总是享受轻松，其乐融融，一路读下去自然很容易，比如看有趣的"动漫"、看通俗小说，都很难遇到这道坎儿。不过这种课外阅读，对提高语文水平的帮助往往有限。若是读有些难度的课外书——如同要使劲跳一跳才勉强够得着的那种，就一定会遇到能不能"读下去"的问题。这时，费半天劲，还似懂非懂，于是书便丢下了。课外阅读中这种情况太多了。书读不下去，束之高阁，永不问津，也是人之常情。但若总这样，课外阅读还能真正获益吗？

其实迈过这道坎儿并不太难。只要把不懂的地方权且放过，把能懂的地方想一想——若再查查工具书当然更好，这样读下去，假以时日，这道坎儿慢慢就不成其为问题了。因为这是再正常不过的阅读常态。大凡读书有得的人，无不视此为当然。比如前边说到的那位理科生通读《资治通鉴》，其过程肯定是这样的。许多地方不怎么明白，没关系，只要有些地方明白就不妨"读下去"。过去高一有篇课文出自《资治通鉴》(《赤壁之战》)，不少地方，学生完全能自己读懂。至于不懂的地方呢？先不管它，接着读下去就是了。

所谓"略读"，大抵就是这样。语文课内读课文，往往一段一段、一字一句"细抠"，文言文还要句句翻译，字字落实。弄得好，这种"精读"也有一定的必要。但课外阅读若还是这样，就读不下去了。课外大量阅读，主要靠"略读"，即大致有所理解的读，或者索性叫作一知半解的读，也无不可。一知半解而能坚持读下去，这份锲而不舍的精神难道不值得肯定吗？当然，倘若一知半解而故弄玄虚，便不怎么样了。不过应指出，略读绝不是马马虎虎地读。马马虎虎，很难求得大致理解，多数情况肯定导致误解。略读的"略"，强调的是不因暂时的一知半解停下来，而仍孜孜不倦地读下去。这种孜孜不倦，很像伏流的潜藏隐匿、曲曲折折，但却始终潺湲不息。坚持这样读下去，就不难有一泻汪洋之日。

《桃花源记》有几句话大家很熟悉："山有小口，仿佛若有光。便舍船，从口入，初极狭，才通人。复行数十步，豁然开朗。"我相信，这几句一定融汇着陶渊明读书的感悟。陶渊明说自己好读书"不求甚解"，便是坦率承认自己常常一知半解，但依然"好读书"。这就好像那位渔人，在"极狭"的地方仍"复行数十步"。这"复行数十步"可不容易！因为这并不"好玩"。这时不仅不豁然，甚至会窒闷。但他不以为意，行若无事，依旧走下去，于是豁然开朗，渐入佳境。我想，这仿佛就是陶渊明"不求甚解"而仍然"好读书"，"每有会意，辄欣然忘食"的心态。

陶渊明是大诗人，也是"略读"的大宗师，中学生的课外阅读，应取法陶渊明。

再说"读进去"。

有所"会意"，就是读进去了。有的同学，读了课外书，会忍不住向伙伴侃侃而谈，转述书中的许多内容。这非常好，因为他把有所会意的地方说出来了。

如果从阅读行为上表述得专业一点，那么"读进去"，可概括为"基础"和"较高"两个层次上的要求。

基础要求是，读过之后，不仅记得人家用了些什么词儿，有些什么说法，而且自己能说出一些。一定要"说"得出，这非常重要。这要求不算高，只要用心读，绝大部分同学都能做到。但实际情况是，不少人总是被这道"小坎儿"绊住，读不进去。清代著名学者张英曾说，有些人读书而"全不能举其词"，就指的是对人家用了什么词儿、什么说法，一点儿也说不上来。他批评这么读书是"画饼充饥"（见《聪训斋语》）。"画饼充饥"，是对没"读进去"的形象比喻。看来，这条"读进去"的基础要求，二三百年来落实得并不好，吕叔湘先生所说的"老问题"，大概首先就包括这问题。

"举其词"，不是准确地通篇复述，而是要求每读一篇作品，能默默说得出其中某几个词儿、某几句话，真做到这一点，形成习惯，读书必将受益。大而言之，惠及一生；小而言之，阅读测试成绩可立竿见影。因为任何合理的阅读测试，无不要求被试者具备这种"读进去"的基本能力。

这套《中学生课外阅读文选》，选材全面，类别丰富，有传统名篇也有不少新作品，知识面宽，新信息多，有一定难度，用于锻炼中学生"读进去"的基本能力毫无问题，用于发展"读进去"的较高能力也很合适。

较高能力，要求读过之后，能大致讲出作品内容——人家说了些什么事，写了什么情状，阐明了什么道理。如果读过一篇一段之后，能把这些讲出来，这就进入了"读进去"的较高层次。课外阅读中，并不需要每篇每段都这么做，但总要有些作品、有些段落，比如自己受到启示、有些兴致的那些篇章段落要这么做。读过后，不一定讲给别人听，默默地自己给自己讲讲就好。这样，"读进去"的水平便会越来越高。

把作品里说了什么事情、什么故事讲出来，这比记住别人对这篇作品主题、写法的分析评论重要得多。任何好作品，无不以"事"为基础。只不过有的作品故事性强，曲折生动；有的作品，有关的"事"浓缩度很高，或者与我们距离远。不管属于哪类，读过之后，自己要试着以简驭繁，博取约守，或者默默涵泳，予以生发、印证。

复杂的事，试着简明地说出来；很复杂的事，试着说出其要点。如果肯这么做，那么"读进去"的水平一定会提高得很快。下面这段话，可帮助我们进一步领会什么叫"读进去"：

> 因为高衙内想把林冲的老婆弄到手，于是林冲吃了冤枉官司，刺配沧州，面对这样的压迫陷害，林冲只是逆来顺受，所以在野猪林内，鲁达要杀那两个该死的解差，反被林冲劝止；到了沧州以后，林冲是安心做囚犯的了，直到高衙内又派人来害他性命，这他才杀人报仇，走上了落草的路。杨志呢，为了

失陷花石纲而丢官，复职不成，落魄卖刀，无意中杀了个泼皮，因此充军，不料因祸得福，又在梁中书门下做了军官，终于又因失陷了生辰纲，只得亡命江湖，落草了事。只有鲁达，他的遭遇却是"主动"的。最初为了仗义救人，军官做不成了，做了和尚；后来又为了仗义救人，连和尚也做不成了，只好落草。

这段话出自茅盾《谈〈水浒〉的人物和结构》，那时他已50多岁了，但不难从中想见茅盾少年时曾怎么读《水浒》和他的熟悉程度。在《水浒》里，林、杨、鲁三人的故事，不下十几回，而茅盾仅用了二百多字，便把三人的故事讲得明明白白。仅此一点，便足为把名著"读进去"的样板。有的同学关心别人对名著的点赞，也不错，但更重要的是把作品里的事搞得清清楚楚，讲起来长短由心、运用自如。如果读课外书，有十几个古今人物故事讲起来如数家珍——像茅盾讲《水浒》故事那样，那么"读进去"就达到了相当高的水平。读过《水浒》的同学不少，不妨试着讲讲武松、李逵、花荣或其他人的故事，便知道茅盾这个样板多么值得学习了。

作品里简单的几句话，或者只言片语，有时也很值得"涵泳""发散"。本文标题"河出伏流　一泻汪洋"，借用梁启超《少年中国说》的金句。其中"伏流"的典故令我很受启发，本文也可以说是把这点感受拿来与同学们分享。这或许也能算"读进去"的小小一例。

总之，"读进去"就是对作品中一些内容保持稳定注意，力求让作品里的话"如出己之口"——经常把读过的东西默默念叨念叨。念叨不出来，就再复读一下。若能动笔写些读书笔记，就更好。这样形成习惯，便不难得心应手，触类旁通，于是好雨时至，清泉暗生。譬如伏流，日趋充盈。

课外阅读的具体方法数不尽，但只要静心"读下去"，"读进去"，就能悟出许多最适合自己的方法。

中学时代，是决定一生的重要时期。孔子说"吾十有五而志于学"，巍巍如孔子，立志学习也始于"中学时代"。那么，今日默默无闻的中学生，倘若立志在课外阅读中真正获益，难道日后的学业不会如浩渺江河般多彩多姿吗！

2021年1月20日

七、片羽千钧

——"大家小书"青春版序

片羽千钧，这是十年前我看到"大家小书"系列时的感觉。

一片羽毛，极轻，可内力深厚者却能让它变得异常沉实，甚至有千钧之重。这并非什么特异功能。俗话说得好，小小秤砣压千斤。轻与重的辩证关系，往往正是这样。

这个系列丛书统称"小书"，很有意味。这些书确乎不属于构建出什么严格体系的鸿篇巨制，有的还近乎通俗读物，读起来省劲，多数读者不难看懂。比如费孝通《乡土中国》有一段曾选进语文教材，教学中就没听同学反映过艰深难啃。又如鲁迅的《呐喊》《彷徨》，若让同学们复述一下里面的故事，从来都不算什么难事。不过，若深入追问其中的蕴意，又往往异见颇多，启人深思。这大概恰是"大家小书"的妙处：容易入门，却不会一览无余；禁得起反复读，每读又常有新的发现。作者若非厚积薄发，断不能举重若轻至此。

最近，听说"大家小书"准备出青春版，我觉得很合时宜，是大好事。有志的青年读者，如果想读点有分量的书，那么"大家小书"便提供了极好的选择。这套系列丛书"通识"性强，有文学也有非文学，内容包罗万象，但出自"大家"笔下，数十百年依然站得住。这样的"通识"读物，很有助于青年读者打好自己的文化"底色"。

底色好，才更能绘出精彩的人生画卷。

所谓"通识"，是相对于"专识"而言的。重视系统性很强的专业知识，固然不错，但"通识"不足，势必视野狭窄。人们常说，站得高，才能看得远。而视野开阔，不是无形中就使站位高了许多吗？要读一点鲁迅，也要好好读读老舍，还应当多了解点竺可桢、茅以升的学问，否则吃亏的会是自己。王国维《人间词话》里把"望尽天涯路"视为期于大成者所必经的境界，把看得远与站得高结合了起来。

打好文化"底色"，不能一蹴而就，非假以时日不可。而"底色"不足，往往无形中会给自己的交往设下诸多限制。孔子说"不学诗，无以言"，指不好好读《诗经》就很难承担诸侯之间的外交使命，在某些场合就不会说话了。文化上的提高亦如是。多读点各方面"大家"的通俗作品，就如同经常聆听他们娓娓道来。久而久之，自己的文化素养便会提高到相当层次，自己文化伙伴的品味也会发生变化。记得前辈大书法家讲过，学书法为什么学"颜体"最难？因为学"颜体"犹如与圣人君子打交道，远不如"与匪人游"来的轻松惬意。读"大家小书"也有类似之处。如果想寻求刺激、噱头，那就可以不读这些"小书"。但如果志存高远，就不妨让这些"小书"伴你终生。

读这些"小书"，忌匆忙。胡乱涂抹是打不好"底色"的，要培养静心阅读的习惯。静下心读一篇，读几段，想一想，若感到有所获，就试着复述一下。若无所获，不妨放下，改日再读。须知"大家"厚积薄发之作，必多耐人寻味之处，倘未识得，那是机缘未到。据说近百年前，清华大学成立国学研究院，校长请梁启超推荐"导师"。梁先生推荐陈寅恪。校长问陈先生有什么大著，梁先生说没有，但接着说：不过人家写个二三百字，其价值可能就超过我梁某人所有的著作。这个真实的故事耐人琢磨之处甚多，而对我们怎样读"大家小书"也极有启示。"大家"笔下的二三百字往往具有极高价值。但有极高价值的二三百字，却又往往是有人看不出，有人看得出。

相对于鸿篇巨制，这个系列的"小书"，也许是"片羽"。就每一本"小书"而言，其中的二三百字，更不过是"片羽"。愿今日有志气的青年读者，假以时日，不断发现那弥足珍贵的片羽，为自己的人生画卷涂上足够厚重的底色！

2020年10月21日

八、"互联网+"和教学原则

最近听说，借助互联网，某名校与千里之外的一所一般校携手，让一般校的学生直接听该名校的课。对此有两种反响，一说好，一说糟。究竟怎样呢？我想，借助互联网的教育，依然是教育。倘若其过程成功凸显着教学原则，教学效果就一定好；反之，则另当别论。

教学原则不止一条，比如"因材施教"，就是条公认的教学原则。倘若不因材施教，就很难使学生的学习变被动为主动，学生也很难有什么积极性。不过，公认的原则也很容易被置诸脑后。

20年前，我曾被叫去参加一个会。一位大领导给布置任务：现代科技已经可以让我们实施远程教育了，我们完全可以把全国"牛顿定律"讲得最好的教师请来，让他讲课，播放到全国……接下来，便要求与会者回去把自己讲的最好的课录制下来，提交有关部门。这令我颇感疑虑——不知道学生在哪儿，我能把课上好吗？莫非"因材施教"用不着了？幸好，后来此事并无下文。但20年来，与此类似的事在不断复制。不少人以为把"优质课"放在网上就能大功告成，于是海量的"优质课"一波又一波被放到网上；"网校"如雨后春笋，"优质课"的音频，打开手机就能收听。这么做，不能说与实现"优质资源共享""教育公平"等良好愿望无关,也不能说效果都不好。但由此而提高教学质量的显著效果,至今还没听说过。

远程教育并不错,关键是怎么搞。"施教"必须"因材"。教学原则所体现的是某种客观规律。倘若只是一厢情愿、简单化地推出"优质资源",就违背了教学规律。因为教学活动具有双向性特征,有"教"的一面,还有"学"的一面。如果不从实际出发,忽略了学生的差异性,仅把教学看成单向活动,"教"不"因材",那么不管用不用互联网,都不妥。

因材施教,是对教师很高的要求。"教者"不仅要洞悉学情,还要对"施教"内容不断因应调整。有件令我难忘的事也许能说明这一点。我读大三时,去一所生源差的学校实习,年级是初一,小孩待不住,课堂纪律很难维持。当时学校搞了次活动,请孙敬修来讲怎样学习。孙老师在中华人民共和国成立前当过小学教师,中华人民共和国成立后,广播电台设置"孙敬修讲故事"的节目"远程"播放,极受欢迎。那次活动,初一12个班的学生齐聚大礼堂,嘈杂不堪。孙老师上台开讲,会场安静了下来。他语调平和,不紧不慢,讲了一个多小时,全场无人维持纪律,居然鸦雀无声。我觉得他手上好像有无数根丝绳,哪些学生要骚动,哪些学生要走神,他已了然于胸,及时把那根丝绳轻轻抻一抻,立时把孩子吸引过来。一千多个初一小孩,聚精会神听了一场"怎样学习"的报告,最后爆发出经久不息的掌声。

孙老师报告不是讲故事,也没搞形式上的"互动"提问——在当时设备条件下,如果让孩子发言,肯定无法让人听清。孙老师只是缓缓道来,深入浅出地讲怎样学习的道理,竟在一个多小时里始终保持着"教"与"学"的紧密配合。学生认真听,听得进,思想上的深度互动是显而易见的。孙老师的因材施教,真是炉火纯青!

这次活动令我受益终生。孙老师让我体会到,"材"是动态的,这块"材"、那块"材"是不一样的,而"施教"者既要透彻了解各种材质,还要手里有随时能够拉紧的"丝绳"。因材施教,不能单凭"教"者一厢情愿,也不能照本宣科。孙老师那次报告很成功,但倘若不是在那所学校,面对那些初一小孩,他的施教过程肯定不一样。他手里的"丝绳"很多,但绝不会不分场合"乱拖"一气。孙老师密切关注实际,这才形成了良性互动。

由此,我们不妨进一步追问:带来良性互动的施教者一定是教师吗?倘若从凸显教学原则的要求来看,未必!

当前以及今后很长一段时间,班级授课的体制肯定要保持。班级授课是学生在几十个学习伙伴组成的集体中学习。学习伙伴加上教师,构成了十分重要的教育环境。在这样的环境里学习,与一个人独自学习很不一样。在这样的环境里,教师是重要资源,伙伴也是重要资源。学习伙伴的借鉴、互补、激励,其巨大作用有时会远远超过教师。《礼记·学记》里说的"教学相长",是条非常重要的教学原则。这条原则告诉我们,在良性互动过程中,"施教"者的角色是可能转换的,"弟子不必不如师,师不必贤于弟子"么!但遗憾的是,"学生资源"往往被视为无足轻重。孔子讲"三人行必有我师",毛泽东同志讲"官教兵,兵教官,兵教兵",西方教育讲"合作学习",这些显然有相通之处。我们讲优质教育资源时,实在不该把"学生资源"忽略掉!

学生处在迅速成长的时期。学生中蕴藏着极大的潜能。今天的先进者与后进者,明天未必不能对调位置。学生之间相互最了解,教学过程中的"施教"也未必完全由教师完成。何况,像孙敬修那样善于因材施教的专家毕竟不会很多。所以，必须看到，在很多情况下，学生的学有所得，未必是教师"施教"的结果，而是学生之间"因材互补"的结果。如果说朱熹说的"因材施教"有什么不妥，那么，我觉得这四个字容易让人对谁来"施教"产生错觉，没凸显"学生资源"的作用。不过若因此而向朱熹问责，当然是笑话。但我们今天用到"施教"二字时，却不应忽略学生资源的重要作用。

在班级授课的环境里，一个班的学习积极性高，班里每个学生的受益肯定多。善于调动学生的学习积极性，善于营造良好的学习互动氛围，是提高教学质量的一定不移之理。"教学相长""能者为师"都是很重要的教学原则。

"互联网+"时代，为远程教育的实施提供了许多便利。曾经出现过的弊端，但愿不再重复。利用"互联网+"的优势，高度重视优化班级教学环境，把优化学生资源的问题解决得更好些，尽可能多地营造些"良性互动"，那么，不管是远程教育还是非远程教育，肯定都能在凸显教学原则的坦途上，促成教学质量的大幅提升。

2018年12月18日

九、教师与教材的使用

教材问题，可在不同层面研究。教材编写与教材使用紧密相关，从编教材和用教材的相关性上来思考，应当也是一个层面。下面就这个层面谈谈我的一点儿思考。

教材编写，一定会对教材的使用有所预期，而且希望这种预期尽量到位。教材的使用者（教师、学生），则会力求贯彻教材编写者的意图。一般来说，应当是这样。

但是编写者的预期和使用者的实际情况完全契合，又几乎不大可能。

在一个相当长的时期，我既当教材的编写者，也是教材使用者。我觉得，在教材的使用中，要把编写者的意图完全贯彻好很不容易。比如，关于"自读"，这是大一点的预期。又比如具体到一些思考练习，甚至一个注解。都常常是编者以为然，而使用者未必以为然。比如《蜀道难》"尔来四万八千岁，不与秦塞通人烟。西当太白有鸟道，可以横绝峨眉巅。地崩山摧壮士死，然后天梯石栈相钩连"中的"鸟道"，历代注家未必都予解说，即使有解说也未必到位，若无对秦岭中候鸟迁徙路径的具体了解，很难对这几句诗有深入感悟。对教材的编写，实不必太苛刻。

我想，这也许应视为常态。

因此我以为，在教材的使用中，教师如果把三个问题处理好，教材的使用，就能和教材编写者的良好预期一致起来。

一是方向问题，二是学生学语文和教师讲授的关系问题，三是从学生实际出发落实具体要求的问题。忽略一，就忽略了根本，会出大毛病。忽略二，就容易违背语文学习的基本规律，教学很难走出困境。忽略三，就无法提高教学质量。所以我觉得，若能处理好这三个问题，语文教材的使用就会越来越运用自如。

一、方向，即立德树人

这是教材编写者高度重视的问题。但怎样把握住，并在教材使用中予以落实，并不容易。这要求教师对学生有高度责任感，有正确的价值取向；要求教师个人要有高尚的道德，要在教学行为中不负"师范"二字。

在这个问题上，我觉得古人有些话讲得很精辟。对于读书人该怎样读书做人，顾炎武讲的八个字，就很好。他在《与友人论学书》里说，《孟子》书中，与万章、公孙丑等人大量的问答，言及心性修养"常在乎出处（按：处，chǔ，指居家不出），去就，辞受，取与之间"。"出处，去就，辞受，取与"，这八个字，可看作是古人对立德树人问题从"行为"角度所做的一种极好概括。

这八个字，涉及立足点、出发点、立场；涉及做什么、不做什么，拒绝什么、接受什么，什么该拿来、什么该付出。这大概可囊括为人师表、立德树人的全部内涵。

我们的语文教学要引导学生读书，而语文教师自己无疑先要好好读书。如果把"出处，去就，辞受，取与"这八个字践行得比较好，那么我们在大方向上一定是没问题的。

二、学生学习和教师讲授的关系

教材中，对这个问题很重视。教学的启发性，激活学生的潜力并使之持续提升，取得明显进步，应是教材使用中极其重要的追求，也是提高语文教学质量的重要保证。

一本教材的使用，每一个部分都把这个问题解决好，是很高的要求，不可能一下子做到。但一学期总要在这方面有比较成功的案例。这样，几个学期下来，教师就会取得比较大的自由。

三、从学生实际出发落实具体要求

具体要求——必须认真筛选。而这个问题，单靠教材很难解决好。

一篇作品的教学，一个教学过程的完成，要对字词掌握、诵读背诵、浏览字数、写作量等，有尽量合理的落实要求。不落实，就很难谈什么教学质量。

所谓具体要求落实，也可以说就是在语文教学中是否认真贯彻循序渐进、温故知新、因材施教等教学原则的问题。这些是很难要求教材编写者予以解决的，教材中有恰当体现即已很好。

2019年11月3日 发言稿

十、备课与听课

聊天的话题很多,经常谈及怎么上好语文课,常被问到我怎么备课,怎么听课。我以为,不管怎么上课,不管是教师讲还是学生讨论,既是备课就不能不为学生设想。而且,45分钟的一节课,也不一定是一篇作品的讲读,不一定是一条线索的持续推进,完全可能是几条线索并进。所以,为优化教学方式、灵活应用多种教学方式计,"备课"就要打破默认一篇课文怎样讲读这一种模式。至于怎么听课,则更应注重效果。

上好课的前提,无疑是"备"好课。语义课的备课,与生活联系广泛,语文老师的备课,几乎无时无刻不在进行。倘若在个人的阅读写作中、生活交往中,时时注意到严于律己,那么"备课"便有了坚实基础。教师让学生做的,严格要求自己做到,这就是在备课。有的学生能做到的,教师做不到,比如某些学生的作文优于教师,某些学生读过的好作品教师并不清楚,这也很正常。正视这种状况,努力充实自己就是。倘若缺了这个前提,上课便容易发生危机。

这里说的"前提",当然不等于具体"备"一节课。具体到备一节或几节课,我经常想的,大致包含五方面。

一、准备讲什么——是否能讲其可听。倘若让学生讲,学生能不能讲出点有启发性的东西。

二、打算让学生想些什么——是否能使学生想其可想。

三、打算让学生"记得"点什么——确实有得。

四、怎么让学生不烦——哪些地方必须用减法。

五、能不能让课堂上高效互动,怎样使课堂上出现这种局面。

课堂教学有什么"教学方法"吗?有。别人的教学方法应当注意学习,但不管采用哪种方式教学,以上五方面的功夫都不可缺。

我比较喜欢教学方式有所创新的课。但即使教学方式有所创新,也不一定人人认可,不一定交口称赞,所以我在听课时最看重的是三个问题。即使是日复一日要去上的那种"常态课",倘若在以下三方面有可圈可点之处,便极好极好。

一、确乎做到了"讲其可听",不管是教师讲、学生讲。

二、能让学生乐意认真"读读写写(包括说说)"。

三、为学生"记住一点什么"做了恰当的准备(关键在于恰当)。

2017年4月

十一、别裁伪体亲风雅

——葛小峰《子云诗集》序

葛小峰老师,教学效果好,这是好几位老师对她的一致称赞。但我与葛老师见面少,并不熟识。最近,刘葵说葛老师有本诗集,想让我写序,并把这集子发给了我。尽管老眼昏花,但我仍被这些诗深深打动了。我真切理解了老师们对她的称赞。

这本诗集不同于一般诗集。也许在某些文学家那里,这本诗集还难入"法眼"。但我觉得,这本集子,是葛老师以赤子之心倾注于教学事业的尽情挥洒,是以诗歌形式写出的中国语文教师的"好故事"。热心语文教学事业的人,定能从中大大获益。

有人说,诗歌是文学送给青春的礼物。葛老师的诗,何尝不是如此?她写诗不倦,何尝不是给身边那些风华正茂的少男少女们源源不竭的真诚馈赠?

你听,这是葛老师给全班学生写的班歌:

> 从这里走过,
>
> 心头掠过翠竹的清香,
>
> 胸中沉淀着成长的记忆;
>
> 从这里走过,
>
> 同舟共济,读懂了你,

严厉—苛求—慈爱—信任的目光；

从这里走过，

逐渐丰满飞翔的翅膀，

有你同行才有勇气寻找太阳升起的地方。

从这里走过，

风雨中也会憧憬彩虹。

有你同行才有勇气寻找太阳升起的地方。

你再听，这是葛老师给另个班写的班歌：

暗香浮动嫩竹影下

有你有我也有他

我们编织着梦想

我们奋力地攀爬

这里是我们的家

茗香四溢晓风吹发

有才有情也有花

同享着风和日丽

共担着风吹雨打

这里是我们的家

葛老师不仅给自己所带的班写班歌，还给很多很多学生个人写诗。你看，这是她给一个名叫"梓萱"的学生写的：

梓乡才女文武强，

萱花椿树笑语长，

嘉懿二八妙龄好，

誉赞声名耀学堂。

葛老师当班主任，给学生写的评语后面常附"藏头诗"一首。

葛老师写了无数这样的诗,她还给每届毕业的学生写诗,例如赠 2007 届某毕业班:

煦阳彤云荃菲芳,海晓焦雷鹰鸟翔。

熙弦懿曲觅爽玥,姝蕾侯门思乐乡。

辰宇迅飞三载过,睿勇恺实一世扬。

迪心钊品维师训,德昂行范再远航。

全班学生的名字尽在诗中,这是多么难得的礼物!这首诗从内容到形式,都蕴含着极好的语文教育,特别是饱含了葛老师对每个学生的"在意",尤令人感动。若不是对每个学生熟悉到如数家珍,怎可能赠给学生如此珍贵的礼品?

上面谈的都属"赠诗"。这类诗在这本诗集里为数并不多,但葛老师对学生的"在意",却是这本诗集的主题。这份"在意"是对学生的陪伴、守护,更是对学生成长的关爱。

校园生活日复一日,似乎平淡无奇。文学作品很少写校园生活,更几乎没有写教学的。一说到教学,也许有些人以为差不多就是刻板无味的代名词。其实哪是这样!日复一日的校园生活,诚然有它琐细的一面,但更有它的变动不居,有它浓浓的诗意。校园里川流不息的,是代代更迭而又迅速成长着的一个个活泼泼的青少年。葛老师,把全部身心融入校园生活,在她对学生的陪伴与守护之中,无处不是诗。这里有朝夕相伴的日常,有班级活动的剪影,有传统节日的遥念,有观书品茗的感悟,有名篇佳什的点评,有历史人物的吟咏,有教材内容的聚焦,有教学工作的总结……这一切,都和那不断成长的生命息息相关,在那无数的琐细之中自有绵绵无尽的诗意。

记得四中一位老前辈,用"热爱学生,热爱教学,热爱科学"

总结自己一生的工作,这就是刘景昆,著名的化学教师。如果说刘老是以科学为载体来诠释他对学生的热爱,那么,葛老师便是以文学为载体来诠释她对学生的赤子之心。在日复一日的教学中,有人会丧失热情与敏锐,而小峰老师从不会。在她的诗里我们看到的是对教育的持久热忱。有一分心,专一分心;有一分力,尽一分力。葛老师的专心与尽力,热情洋溢,感觉敏锐,历久弥新,我怎能不被这本诗集深深打动!

我之所以被打动,还有另两个原因。

一是我惊诧于这本诗集中对语文教学的钻研精神无所不在。

血管里流出的都是血,水管里流出的都是水。这本诗集既是语文老师的作品,那么随处都不难看到对语文教学的感悟,这本不足为怪,但我觉得,这还是很值得学习、很值得思考。

顾随先生曾经说过:"体认是识,体会是学,体验是行。所谓学问、道理、生活皆须用此三种功夫始不空虚。三者实为一个。"这段深刻论述,完全适用于语文教学。对所教的内容,要入乎其内,"读进去",还要出乎其外,"说出来"。所谓优化语文教学,其实就是不断优化这个过程。这个过程不可须臾离开体认、体会、体验的功夫。所谓钻研语文教学,我想,绝不是让老师去重复某些空洞的理论条文,也不是让老师去重复别人的什么套路,而是需要教师不断提升阅读写作功夫。教师在读写中"体认、体会、体验"的水平不断得到提高,就是对语文教学极好的钻研。

在这一点上,葛老师的实践虽是个性的,但也一定会对语文老师们有所启发。比如从《长恨歌》的唱和里,小峰老师看到了更强大的感伤力量,她以读者的身份看到了爱在激烈动荡时的无奈与脆弱,关注了情感世界的长久生命力。虽然白居易原诗带有特定的讽喻目的，但今天的人们读起来，或许那沉浸于爱情中的相思、那刻骨铭心的爱的永逝，更引人痛惜吧。葛老师在《长恨歌》的教学中，与学生分享的感悟当然不仅于此，但葛老师的教学钻研显然是很有深度的。

又如，《李白》那首诗写道："与你对剑，与你吟唱，和你一同胸怀天下苍生。与你共酌，与你同醉，和你一起口吐半个盛唐。"这里"胸怀"什么、"口吐"什么，都是别人说过的话，但在葛老师的诗里，突出了"和你一同""和你一起"，意思就大不相同了。在这里，李白既是文学史上的"诗仙"，也是与学生平起平坐的一般人。在语文教学中，这类"解构"与"建构"功夫下得恰当，显然是极重要的教学钻研。葛老师的诗歌反映了她以体认为基础，进而化为体会、体验的功夫，实属难能可贵。

再如，《满庭芳——宝钗》：

> 日照衡芜，满庭芳草，荼蘼沉醉意浓。凭栏远望，流水借东风。波漾歌声摇曳，芳姿掩，珍重相逢。停机德，端庄正好，安待字娉婷。金簪，雪洞闪，交辉难盖，终落闺中。自风流，人前人后淑平。能画能诗能干，诚拙守，任尔西东。默含笑，出来进往，且映牡丹迎。

这首词同样反映了葛老师极强的"教研"功夫。我相信，在教学中，学生会很愿意把这首词抄下来认真读，还会对照《红楼梦》有关章节去读，这是何等难得的教学效果啊！

这本诗集完全可以说明，凡有条件，实不妨把写诗当作锤炼语文教学的基本功，当作提升教研水平的一种方式。如果我们充分尊重教学实践，尊重语文教师的个性——而不是相反，那么语文教学的路子一定会越走越宽，语文教学的好故事会越讲越多！

二是我感奋于葛老师潜心语文教学的初心不改与执着追求。

相当一个时期以来，干扰人们潜心于本职工作的噪音实在太多。明明是乱七八糟的说法，却振振有词。比如一位教授居然逢人便宣讲"能量不可言正负，'正能量'的说法是错误的。"这种常识水平线以下的谬论，出自著名教授之口，便很易迷惑人。其实，《现代汉语词典》（第7版）第947页，明明写着："能量——①表示物体做工能力大小的物理量。②比喻人显示出来的活动能力。"这是任何一个初中生都不难搞清的问题，但我却不止一次听到专家、教授们津津有味地重复上述谬论。类似的事情多了，势必形成巨大干扰。记得清末某位"大学士"极其荒谬地说："什么西班牙葡萄牙，根本就没那么回事，都是洋人乱编些名目来骗钱的。"时隔百年，无知而敢于胡扯的恶习竟然在一些颇有影响者那儿一脉相传，甚至大言不惭，真是咄咄怪事。而在自媒体高度发达的当下，这种乱七八糟的东西，就更需要人们有坚强的定力，才能摒除干扰，把宝贵的精力用到有益之处。

葛小峰老师的诗集令我很受鼓舞。诗集中三百多首诗，反映着葛老师十几年如一日的、丰富多彩的教学生活，书写着她怎样倾注全副精力于教育教学的生动故事，扎扎实实刻下了她在教学上精益求精的不懈追求。我们语文教师队伍中，有一大批这样的意志坚定者，这是我们语文教学事业必将兴旺发达的基石。

以上，是我浏览葛老师这本诗集的"读后感"。感动，感佩，感奋，便是我的获益。

当然，诗歌写作是件很不容易的事，但葛老师犹当盛年，一定会再接再厉，写出更多好诗。最后勉"借"杜诗，凑成一联，以示敬意：别裁伪体亲风雅，作育英才近正声！

2020年4月

十二、要不断提高对字义的认知水平

辨识和掌握字义，是语文教学极其重要的任务，但很长时期以来并没有得到应有的重视，原因很多。作为语文教师暂可不必去做过多的学术探讨，而要在教学实践中千方百计把这件事情做好。

一、要充分重视字义在语文学习中的重要位置

长期以来教学中多讲"词义"，本文却强调"字义"，这并不是说"词义"不需要提，而是因为汉语中负载语意的基本单位是字，字义搞不清，用它组合起来的哪一级语言单位的意思都可能搞不清。所以古往今来，人们学习语文（特别是书面语）首重"字"这个环节。戴震读书"一字必求其义"的故事（见《汉学师承记》卷五）正反映了这一规律。这一规律，对今人的语文学习也同样适用。

今天反映语文学习质量的一个敏感问题是学生错别字多，高中甚至大学的学生也不例外。这个问题一直没解决好，原因当然很多，但对一个字不求其义，显然是很重要的原因。

例如，类似下面这样的音形易混字：

砭、贬　赃、脏　销、消　胫、径　沓、踏
折、拆　咎、究　交、缴　才、材　申、伸

长、常　　定、订　　决、绝　　察、查　　费、废

形、型　　冈、岗　　具、俱　　训、驯　　偿、尝

这类字出错率极高，如不从字义上分清，是无论如何也难掌握好的。而这些字的字义分辨又并不容易，如无有力措施，时而分清、时而分不清的问题就很难解决。又如类似下面这样的极容易用错的词：

权利　权力　　世故　事故　　度过　渡过　　法治　法制

事务　事物　　委屈　委曲　　必需　必须　　以至　以致

正规　正轨　　截止　截至　　意气　义气　　致哀　志哀

这样的词也很多，被称为"半同形词"，词与词只一字之差。这类词经常被用错固然是词义没掌握好，而词义没掌握好的原因则还在于所差的那一个字。"权利"和"权力"意义上的区别不就在于"利"和"力"的意思不同吗？

不仅许多近义词、近义成语的分辨要靠这一字之差的敏感，其他许多词语之所以较难掌握，难点也常常是一个字的问题。例如：

消<u>弭</u>　肯<u>綮</u>　<u>翌</u>日　谙<u>练</u>　衣<u>钵</u>　<u>箴</u>言　<u>缄</u>默　罢<u>黜</u>

<u>匮</u>乏　<u>褫</u>夺　<u>蟊</u>贼　吞<u>噬</u>　丝<u>绦</u>　祛暑　床<u>笫</u>　<u>僭</u>越

卷<u>帙</u>浩繁　畏<u>葸</u>不前　<u>揆</u>情度理　以<u>儆</u>效尤

无可<u>訾</u>议　性情<u>乖</u>张　敌<u>忾</u>同仇　毋庸置<u>喙</u>

这些画线的字，掌握起来的确要费点事，而含这样的字的词语为数也相当不少。

从消极方面说，字掌握得不好，会导致错别字难纠正，导致语汇贫乏；从积极方面说，字掌握得好，错别字当然就少，语汇也必然丰富。所以吕叔湘先生说："有人主张只讲词义，不讲字义，这也是片面的。汉语词汇的基本单位还是一个一个的单字。应该把现

代汉语中最有活力的两千来个字(估计不超过此数)给学生讲清楚。"(《吕叔湘语文论集》318页)

弄清字义,与词语的掌握有直接关系,与更大范围的语言应用也有很大关系。清代的朱骏声曾说"读书贵先识字,识字然后能通经"(见《说文通训定声》奏折)。他把识字的重要性提到"通经"——对经典著作透彻理解的高度,固然有其作为训诂学家所强调的特定内涵,但若从必须透彻把握概念的意思上来理解,这样强调识字的重要性确也并不过分。学生读《为了忘却的记念》,第一段往往读不懂,但如能够注意到鲁迅所说的"悲愤总时时来袭击我的心"和他很想借写这篇文章"将悲哀摆脱"中的"悲愤"与"悲哀"两词,特别是若能对其中"愤"与"哀"两字感觉很敏锐,那么对鲁迅此刻要化悲痛为力量的感情就会有十分真切的理解。这种理解不是从老师那里听来的,而是自己从文字中读出来的。这是字义与阅读的关系。写作中对字义就更不能含糊,一字之差就可能导致概念、情味大相径庭。改一字则境界全出、误一字则思路不畅的情形在写作中并不罕见。所以,即使是较高层次的语言应用也离不开字义的修养,而中学阶段要打好语文基础,又怎能对字义问题不予高度重视呢?

字义的掌握有较高难度,因为字义是抽象的,如果不能连同一定的背景知识一并来理解,对字义是不可能真正掌握、真会应用的。比如,小学生开过运动会,就能懂"各就各位"这个指令,但很难掌握这个"就"字;学过"待到重阳日,还来就菊花"(孟浩然《过故人庄》),学过"侯生视公子色终不变,乃谢客就车"(《史记·信陵君窃符救赵》),也许对这个"就"字会逐渐明白起来。如果平时对"就近入学""就职演说""来宾请先就座"等说法也并不马虎过去，那么对"就"字的这个意思就有可能心领神会了。因此，字义的掌握绝不是把注解里、字典上的释义背下来就能济事的，这件事要一直贯穿在语文学习过程中，始终给予充分重视，还要有恰当的方法、反复的训练，才能真正奏效。

但遗憾的是，长时间以来，教学中对"识字"的重要性认识不足。或者认为这只是小学和初中低年级的事情，到了初三以上就不必再强调这件事情了；或者把识别字义的要求降低到仅仅限于常用字的一般认读和书写，而忽视了对字义在不同层次上辨识掌握的复杂性，割断了确切掌握字义和较高层次语文能力的有机联系。应当说，长期以来学生语文学习负担重而质量不高的种种弊端都与此不无关系。

对字义的重要性认识不足，有一定的历史原因。从学科自身方面来说，系统强化了语法修辞、文体写作方法、文学鉴赏、文学评价等种种未必都很管用的"语文知识"，却没给"字义"一个恰当位置，这对学生提高字义的认知水平是很不利的。从语言学的研究方面来看，则正如王宁教授所说："中国的汉语语言学体系过去受西欧与苏联的影响太深，对意（按：指语义、字义）这一部分特别是总结其中的规律给予的重视太少。"字义问题之所以在中学语文教学的知识框架中找不到其应有位置，和语言学研究上的这种偏向有关。这大约是语文教学在20世纪的一个不小的误区。

二、怎样提高学生对字义的认知水平

字义教学不应当简单地以要求学生诠释字义为目标，而应当努力使学生逐渐形成一种科学的、能够满足语言应用需要的、反应敏锐的字义辨识机制。

这种机制包含着不同的层次。其基本层次，应当是对相当数量常用字最常见的基本意义的正确理解。这相当数量的常用字，学生不可能一口吃进去，其中有难易之分，有很常用与次常用之别，如能合理地安排在不同年级，层次上就又会有所区别。而仅仅掌握"最常见的基本意义"，又显然不敷应用，因而还应当有较高层次，即对一定数量常用字在不同语言环境中活跃着的各种基本意义和附加意义的正确理解和掌握。由于语境范围的大小不同，复杂程度不同，涉及的背景知识不同，所要求的分析综合水平也不同，因而这较高层次中又应包含若干层次。例如：一个合成词，对于组成该词的字即已构成语境，如"造就"即可视为"就"的一种语境；而一个成语则构成复杂一点的语境，如"高不成，低不就""一蹴而就"等；倘若周边因素进一步复杂化，如"某业所就，孰与仲多"，要求的虽然还是对"就"字同一意义的理解，但层次显然更高。此外，这较高层次还应包含敏锐度的要求。

为了使学生形成这样的机制，一方面应进行理论研究，探索如何建立反映上述层次要求的训练系统，一方面要积极改进教学方式，不断积累科学性与实用性相结合的教学实践经验。科学性与实用性相结合，我想应有如下的意思。

（一）两个"不脱离"的原则

要让学生掌握常用字的既定意义，掌握准确理解字义的基本原则。字的义项是既定的，比如，前面说的"就"字，有"靠近、到""成""趁便"等若干基本意义，都是既定的，不是任意加给它的。在用"一蹴而就"这个成语时，"就"字还可能被讲成"办成"、讲成"完工"、讲成"大功告成"等，但都在"成"这一既定的基本意义以内。对字义的准确理解，必须在其既定的基本意义以内，同时又要切合语言环境。脱离字的既定意义，属望文生义，是掌握字义的大忌；

脱离具体语境，则胶柱鼓瑟，不能致用。这两个不可脱离，是准确理解字义的基本原则，不能只顾一头。在文言文教学中，学生常犯的毛病是把串讲一概当成解释字义的根据，这种本末倒置的方法十分有害。例如"至于劝善规过足矣"一句，下面注解为"能够做到规劝行好事不行坏事就不坏了"（清代刘开《问说》）。这仅是串大意，但学生常据此对号入座地去释义，误以为："至于"等于能够做到，"足"等于不坏，这就脱离了字词的既定意义，造成错误概念。其实"至于"和"足"不解释也行。而若认为这里的"劝"等于规劝，就又脱离了具体语境，因为"规劝"与行善的搭配很生硬。这个"劝"就是"劝勉"的意思，与"劝学""劝业场"的"劝"同义。对串讲（或翻译）和字义的准确解释不加区分，很容易违背理解字义词义的基本原则。要引导学生正确使用注解，分清哪是释义，哪是串讲大意或翻译，否则不可能提高字义的认知层次。

（二）贵在精要管用，防止烦琐哲学

字义是一门大学问，包罗万象，让学生走进这扇大门，就要随时想到"少则得，多则惑"。

即使是常用字，也不是个个都有释义的必要。有些字义本不难掌握，但解释起来很困难。比如"想玩就玩，想睡就睡"的"就"怎么讲？非要去讲，就只能以艰深言浅易。若是研究专门学问，艰深不可避免；但作为教学，一脱离学生的实际就没有生命力；作为母语学习，则更要注重实际应用。还有些字义，如果解释一番，可能也有某些好处，但若不解释，也完全不会影响语意的理解，它是有弹性的，如学生已满负荷，就要割爱。对字义要有"不释"这条原则，否则终究要把学生引入误区。我不止一次遇到学生提这样的问题："老师，'项羽兵四十万，在新丰鸿门；沛公兵十万，在霸上''这两个'在'当什么讲？"听到这样的问题，真是既心疼学生的求学精神，更深恶烦琐哲学之误人。

应选择那些使用频率高、学生一见就认得，但意思却并不清楚，而又容易成为障碍的字为释义重点，反复加强训练。其中有的义项太多，要认真筛选，以简驭繁。比如前面多次说到的"就"字，《现代汉语词典》（第7版）上共列出8个义项，但若把引申距离不太远的适当合并，把可以"不释"和学生一般用不着的那些删掉，那么剩下的大约就是前面说的"靠近、到""成"和"趁便"这三条。词典上义项的划分未必不科学，但对学生管用的知识必须精要。只有精要的知识才有可能"活"在他们的语言应用当中。

（三）联系实际，突出应用

掌握字义的知识，不能不靠字典，但必须紧密联系实际，联系语言应用。脱离应用的需要，让学生给字词去释义，"是劳而无功的事情"（《吕叔湘语文论集》318页）。只有在听、说、读、写的时候懂得关注字义，文字修养才会有效地提高。因此，要积极引导学生联系语言应用的实际来质疑。老师的用语、教室的墙报、学校的专栏，都应允许学生质疑，并予鼓励；同时还要提倡学生在读书看报时咬文嚼字，存是去非。如果对文字应用持马虎甚至麻木的态度，不去积极排除干扰，那么好不容易弄清楚的一点语言知识势必付诸流水。所谓"一傅众咻"，正是对这一规律的形象说明。

联系应用，最利于激发学习的主动性，也最易于使学生学到有用的知识。下面试举学生在读报时发现的三例：

1. 英国王妃戴安娜去世，有关报道说某处"决定全国降半旗致哀"（《环球时报》1997年9月14日2版）。"致哀"应为"志哀"。因为降半旗只能是"以志哀悼"的意思；如果发唁电，则可说"致以哀悼"。

2. 同一版另一篇文章说"英国王权的尊严已发生衰变"。应说"已经衰落"。"衰变"是个专门用语，指一种放射性元素变成了另一种元素，是"蜕变"的意思。这里的王权尊严，说"衰"是对的，强调"变"则难讲通。

3. 介绍某商品说"可以减少故障突发的机率"（《精品购物指南》1997年9月12日）。《现代汉语词典》只有"几率"而不收"机率"，说明这个字是不能任意换用的。因为"几率"（即"概率"，亦称"或然率"）指的是一种相对于无穷来说的量，表示的是一种发生的可能性，可能发生也可能不发生，是逼近于准确，然而又不能说一定准确，但又是准确的。这样的内涵，用"几"表示最恰当。这里的"几"，就是几乎的"几"，是"近乎""接近于"的意思，读过"学之所以不能几于古者，非此之由乎"（《问说》）之类的句子，高中学生对这个意思能体会得比较清楚。如果改用"机会"的"机"，对这个复杂概念的体现就不够好，最初翻译这个词的时候定为"几率"是很有道理的。

从这几例也不难看出，用字正误优劣的问题与多方面文化素质的培养有千丝万缕的联系，提高对字义认知的层次，既是语文课的一项基本任务，又是体现"语文学科是一门基础学科"的重要环节。

总之，使学生不断提高字义认知水平以适应现代化的要求，不单要改进语文课的教学方法，还要从课程设置、教学内容，特别是中学语文知识框架的改造等方面全盘设计。本文许多地方的意见不够成熟，但我相信，语文学科的改革在21世纪必将有较大的突破。

本文最初发表于《中学语文教学》，2009年收入首都师范大学出版社《语文之道》。

十三、让学生们好好念书

近年来,通过优质教育资源共享以提高教育质量,已成为人们的一项共识。我们这个课题,正是打算从语文教学实践上,对怎样实现优质教育资源共享,做进一步的研究。

优质教育资源,包括软件、硬件设施,更包括教师资源和学生资源。教师资源和学生资源都是动态的,都不是一成不变的,都需要不断优化,这是提升优质教育资源共享水平的基础。

孔子说"三人行必有吾师",毛泽东同志强调"官教兵,兵教官,兵教兵"。这说明,在孔子和毛泽东那里,优质教育资源的范围是很宽很宽的,并不仅限于教师。"三人"之中就存在优质资源,广大士兵彼此俱可成为优质资源。根据这样的认识,我想,如果一名教师善于发动、组织学生参与学习,使之彼此激励,积极"互动",让"兵教兵"的活动在语文学习过程中更广泛地开展起来,那么,优质教育资源共享必将使教学质量大大提升一个层次。

所以,我们必须高度重视"学生资源"的作用,让学生把他们能做的事情做好,并且持续优化。就语文教学而言,优化学生资源的方式方法很多,而"让学生们好好念书",无疑应当是绝大多数学生都能做好的事情。也就是说,让学生们好好念书,肯定是一种优化学生资源最重要、最根本的方式。这是为传统语文教育所早已证明了的不争的事实。

但几十年来，在校园班级授课模式下，营造书声琅琅的环境，似乎相当艰难。让每个学生每日诵读、持之以恒，实际上很难落实。我在退休之前，一直希望把这方面的追求付诸实践，但苦于无法把相应的发动工作、组织工作持续进行下去。也就是说，在班级化的语文教学中，这件事情很难做到可持续发展，很难做到"一张蓝图画到底"。

而在数字化时代，情况就大不一样了。我们理应把过去该做而做不了、做不好的事情做起来，而且越做越好。

基于这样的想法，我的这个工作室打算与平谷六中张冬立老师的语文工作室联手，使北京四中和平谷六中的教学资源进一步合作促进，通过课题实验的方式，把"让孩子们好好念书，努力提高教学质量"这件事认真抓一抓。

经过前段时间的酝酿、准备，目前平谷六中已有三个班正式启动了这一课题。对这一课题，我有三点希望。第一，希望我们能克服种种干扰，不断加大研究力度，不断总结经验（怎样克服干扰，怎样加大力度），从而不断改进方法，使这一课题研究取得丰硕成果。第二，希望我们通过一年的持续努力，对于如何借助网络平台的优势"让学生好好念书"，取得前所未有的清晰认识。把前人"书读百遍，其义自见"的经验，变成适合今天班级教学条件下操作性很强的具体方法。第三，希望身处教学第一线的语文教师，不怕困难，通力协作，使"让学生们好好念书"这件语文学习的根本性举措为大面积进一步提高教学质量创造出崭新的经验。

2018年9月25日讲话稿

十四、诵读能力量表及应用

一、诵读能力的培养需要"诵读能力量表"

诵读能力，是阅读的一种基本能力。加强诵读能力的培养，是提高语文教学质量的根本问题，但这个问题却一直解决得不够好。制定"诵读能力量表"，并借助"互联网+"的优势来应用，将给这个问题的解决以极大助力。

诵读能力之所以成为语文教学的一块"短板"，与不少人把"诵读"混同于"朗诵"有关。诵读与朗诵相通，但并不一样。它们都能帮助学生吸纳语言营养，但"诵读"主要不是读给别人欣赏，而朗诵却要追求一定的"表演"效果。朗诵对先天性条件有许多要求，音色、音质不够好，发音器官存在某种缺欠，或者个性"内向"，都会成为不易克服的障碍。这往往使不少学生对"朗诵"望而却步。而诵读则不必在表达效果上苛求。有点方言口音、对某些字的读音存在先天性弱势、情感的表现不一定适合每一位听者的诉求等，都不妨宽容些。

诵读能力成为语文教学的"短板"，更重要的原因，是迄今还没有比较科学、比较合理、在班级教学条件下便于应用的考查办法。标准不清、没有方便的测量手段，使诵读成了语文教学中难以落实的"软任务"。

但在"互联网+"的时代,我们完全可以凭借"语文平台",使经常性的诵读考查变得方便可行。比如可划分小组,规定每周诵读篇目,要求学生自行录制音频文件上传到指定位置,由学生组成的"考评小组"评定成绩,促进学生互帮互学,教师定期检查、小结、引导。这类方法肯定会有很好的效果。

而这就需要"诵读能力量表",使学生掌握诵读要求,使"考评小组"便于评定成绩,也使教师便于引导。

二、什么是"诵读能力量表"

考查诵读能力,要对诵读文本的字数有所规定。一般来说,初中阶段的考查文本,现代文以600～800字为宜,文言文以300～500字为宜。高中阶段可视学生实际水平提高要求。诵读文本不一定是篇完整文章,节选片段亦可。以下"诵读能力量表"(简称"量表")的制定,便以这样的文本长度为依据。当然,这个文本长度的规定并不是绝对的。

诵读能力的考评,可在五个维度上规定如下标准:

1. 不读错字。主要考查对文字的准确认知。

2. 不读破句。读破句,就是把句子"读破"。本维度,主要考查对语句模式的掌握。读破句,表现为把完整意思读得磕磕绊绊或走了样子。如随意漏字、添字,造成意思不清,或重复读才能把一句话读下来,或任意颠倒语序等。

3. 语调恰当。主要考查陈述、感叹、疑问、反诘等语气是否恰当表达。

4. 流畅上口。主要考查熟练程度,重点是快慢、节奏的处理要自然顺畅。

5. 情感投入。主要考查诵读者能否融入文本,对情感能否有所体现。一般来说，可把轻、重、缓、急的恰当处理作为一个层次，把恰当区分郑重、淡漠、褒扬、贬抑等作为较高层次。

这五个维度，从局部到整体，考查的着眼点逐渐扩大。前三个维度的标准，有较强的客观性。后两个维度的标准，有一定主观性，不同的考评者所得出的判断与其个人的认知习惯有关。

根据以上标准，制定以下量表（注：星级越高，表示诵读越好）。

评价维度一：不读错字

等级	生成评语	评价标准
一星	问题较大，要认真练习	读错字超过5个
二星	读错较多，需继续练习	读错4—5个字
三星	比较马虎，再去练习	读错2—3个字
四星	稍有马虎，多加注意	读错1个字
五星	读得不错，继续加油	读错0个字

评价维度二：不读破句

等级	生成评语	评价标准
一星	破句太多，请认真练习	读破句超过5次
二星	破句较多，加强练习	读破句4—5次
三星	有点马虎，再去练习	读破句2—3次
四星	白璧微瑕，再加把劲	读破句1次
五星	读得较好，再接再厉	读破句0次

评价维度三：语调恰当

等级	生成评语	评价标准
一星	不够恰当，请认真练习	语气明显不当超过5处
二星	还有较大差距，继续练习	语气明显不当4—5处
三星	大致符合要求，再练练	语气明显不当2—3处
四星	语气较恰当，继续努力	语气明显不当1处
五星	语气得当，要保持好	语气明显不当0处

评价维度四：流畅上口

等级	生成评语	评价标准
一星	不够流畅上口，要努力	过于平淡，听不出轻重、快慢
二星	有些地方不错，多努力	有2—3处，轻重、快慢处理较好
三星	基本流畅上口，加强练习	有4—5处，轻重、快慢处理较好
四星	流畅上口，继续努力	有5处以上，轻重、快慢处理较好
五星	好像文章就是你写的呀	通篇的轻重、快慢处理得很自然

评价维度五：情感投入

等级	生成评语	评价标准
一星	听不出什么情感，要投入啊	对文本所表达的情感基本无所表现
二星	感情有投入，多练练会更好	有2—3处，情感表现较好
三星	情感投入较好，加强练习	有4—5处，情感表现较好
四星	情感投入恰当，加油	达到第一层次
五星	富有感情，很棒	达到较高层次

三、"诵读能力量表"的应用

（一）规定文篇范围，开展诵读练习

每周规定若干文篇（文段）作为诵读练习范围。可先在课堂上"范读"，每一个学生可在课下选择文篇（文段）练习，在规定时间内把个人诵读以音频文件形式提交到指定位置。

（二）组织准备

划分小组，每组以6—10人为宜。由组长指定6人组成"考评小组"。根据已有经验，6人考评小组可基本保证考评结果公平、公正、可信。

（三）考评方法

1.考评小组6人，分别获取一份诵读音频文件，按上面量表所列5个维度，分别打出5个等级——或1星、或2星……或5星的5种星号。例如，第一个维度5星，第二个维度4星，第三个维度3星，第四个维度3星，第五个维度4星。然后每个考评员分别把6—10份评价结果上传组长汇总。即每个人的音频文件，在每个维度上，得到6个评定意见。

2. 组长汇总，分析统计，折合成分数记录下来。过程如下：

（1）6个评定意见若一样，比如都是4星，那考评结果就是4星。

（2）6个评定意见，若差异在三个等级之内，比如低的给2星，高的给4星，这就把6种结果相加，除以6，得出考评结果。

（3）6个评定意见，若差异在三个等级之外，比如最低的给1星，最高的给4星；或最低的给1星，最高的给5星。那就要看看是几个人的评定意见。若持两端意见的都不到3人（即或2人，或1人），那就都被视为无效意见；若只有一端不到3人，那这一端就被视为无效意见。然后把有效意见的星数相加取平均值，即得出评定结果。若两端意见各3人，那就取平均值。

（4）把5个维度上的评定结果相加，除以5，即每份音频文件的评定结果。

（5）折合成分数。一颗星等于20分，半颗星等于10分。

3. 按教师要求，组长定期把本组诵读成绩交给老师。

（四）循序渐进

按上述方法加强诵读练习，需要有个循序渐进的过程。开始几周，通过小组考评，主要目的是大家熟悉和掌握"诵读标准"。经过几周，大家对标准掌握了，考评小组及组长工作熟练了，诵读成绩就可以成为语文学习成绩的有效参考。

四、结语

尽快掌握"诵读能力量表",尽快使之进入常态应用,一学期下来,学生的语文学习质量以及各科学习质量,一定会得到明显提升。

只要教师引导得当,考评员的水平会不断提高。因为每次考评及每个诵读的音频文件,都保存在平台上,这为教师引导、同学们研究提供了方便。

不同地区、不同学生,教师可从实际出发,对量表及应用有所调整。

相信有了更丰富的实践经验,量表及应用方法也一定会更加完善。

2018年12月16日

第二章　提高专业水平

如果说语文教学是一门"专业",那么这专业就是帮助学生在阅读、写作的实践中健康成长的专业。语文教学的"专业水平",就是在这样的过程中立德树人的水平。

阅读写作水平,是语文教师专业水平的基本内涵。只不过这与其他工作所需要的阅读写作有些不同。语文教师不仅自己要有较高的阅读理解能力,还要清晰意识到怎样启示学生去理解;语文教师不仅自己写作要"过关",还要能弄清各类写作差的学生缺漏在哪儿,怎样有效弥补。一涉及学生,就不能不关乎教学原则的应用,而其他工作所需要的阅读写作未必如此。

语文教师提高专业水平,要对文学、语言、教育等方面的学科专业知识有所了解,其中有些知识是语文应用中须臾不可或缺的,比如字词的确认、标点的使用等,而最费力的是在"精读"上勤下功夫——不借助别人的分析评论,自己也能从作品中有所发现,"拎出"有价值的东西,并且能以恰当的话语把它凝定下来加以表达。如果能写成文章当然最好,因为这必然会进一步开阔视野,使理解进一步深化。我坚持这样做,感到受益很大。后面所附《读懂顾炎武　增强文化自信》等或可作"注脚"参考。

据我的观察，以上所说的这种"专业水平"越高的老师，在优化教学方式上越是游刃有余。

语文教师的专业水平，与文学、语言、教育等方面专业知识的水平，不能画等号。前者重在相关修养的实际应用，后者服务于知识系统的建构，简单地把后者等同于前者，语文教学就会与学生提高读写能力离得过远。高校中文系各个专业的学问，对中学语文教师来说是必要的"学历"学习内容，而语文教师专业水平的提高，只能在教学实践中解决。

我对提高专业水平的意见，未必尽妥。倘若凭借统计测量的办法，在提高语文教师专业水平方面加强基本建设，搞出真管用的动态标准，可能对大面积改进语文教学更有帮助。后附《教师阅读素养的研究》谈到了这方面的想法，但此事工程浩大，附以备考，敬俟来哲。

一、固本培元　提高质量

课程改革任务艰巨，语文教师工作繁重。在繁重的工作中，怎样应对艰巨的改革？我想，事情越是千头万绪，就越要从根本处发力，这样就能变被动为主动。日常工作是这样，改革创新也是这样。固本培元，是行稳致远之本。

下面，联系教师发展、日常工作和改革创新，谈几点体会。

一、严于律己，以身先之

最近读到篇文章，说孔乙己人情练达，善解人意，还练就了超强的抗击打能力等，很诧异。后听说作者是博士研究生，也就不觉得难理解了。不过，自说自话、沉醉在以自我为中心的天地里，倘若成为积习，就会与当教师渐行渐远。教师不能一味自我扩张，要对自己的教育对象负责，对孩子负责，要严于律己。

荀子在《致士》篇中说过教师的四条标准[①]，很值得参照。四条是：令人尊敬、值得信赖、说理通达、观察敏锐。这四条贯穿的基本精神，就是教师取法乎上，严于律己。否则，怎么能让学生尊

[①]《荀子》卷九《致士》："师术有四，而博习不与焉。尊严而惮（使学生有点忌惮），可以为师；耆艾而信，可以为师；诵说而不陵不犯，可以为师；知微而论，可以为师。故师术有四，而博习不与焉。"

敬呢？而值得信赖、说理通达、观察敏锐，也都需要严于律己，需要不断努力才成。

严于律己，需要"定力"。跟着乱七八糟东西跑，听风就是雨，容易陷溺于各种诱惑。当教师，要善于识别，有所抵制，才能在教学相长的道路上严格要求自己，不断发展。

当教师很辛苦，但教师的幸福即在其中。记得有个学生，才气纵横。我曾批评她不注意逗号句号的区分，她不服气，便暗地里查看我写过的批语，结果无所获。这件事让她感触很深，我也深感欣慰。不久前学生聚会，坐在对面的一位老板，悄悄绕到我身边，让我看他手机。原来是三十多年前我给他作文批语的图片。我重读那两行半话，感到确乎适合他（他的作文并不出色）。不经意的几句话，学生很看重，甚至珍藏几十年，人生如此，夫复何求？

严于律己，意味着要以身作则，当学生表率。语文教师在写字、讲话、读书、作文上，都应"以身先之"。

"以身先之"，用的是王阳明的话。他说："毋事于言，以身先之。教不由诚，曰惟自欺。"意思是，别说空话，身体力行吧，否则讲不出真的体悟，是自己骗自己。类似的意思，人们反复讲，从古说到今，为什么？因为"以身先之"很不容易，非下苦功不可。

我的作文很一般，记得"文化大革命"后期那阵子，我几乎不会写什么了，但还得给学生讲写作，惭愧得很。那时特别忙，就挤时间。开始力求一年至少写一篇像点样的文章。后来稍微快了点，到20世纪80年代初，写作才基本过关。这对我后来改进教学帮助极大。现在的中青年教师比我强得多，但要下功夫的地方也很多。

又比如，我们常要讲评试卷，如果随便骂骂试卷，念念答案，也能对付过去。但最好把自己当学生，不看答案，把题目先认真做一做，那么我们的讲评，肯定对学生更有益处。讲课也是如此，最好先不看什么参考材料，先试试自己从作品里能读出哪些站得住脚的感悟。又如提问，别张口就来，最好先置身学生的立场，想想人家这么问自己，自己该怎样回应，能怎样回应。这都是"以身先之"。坚持这么做，就会教学相长，不断上升到新的境界。

总之，严于律己，以身先之，是语文教师发展的根本之法。语文教学改革也会因此而天宽地阔。

二、抓牢基础，一以贯之

提高语文学习水平的关键在哪儿，很难一概而论。超常者与后进者水平悬殊，此时彼时、此事彼事，关键环节很不相同。谁都知道，打好基础最重要。但语文学习的"基础"因人而异，这是语文教学与其他学科差别最大的地方，也是语文学科最大的难点。

不过，也有共同性基础。比如"字"这个环节，永远都要重视。把"基础"等同于"容易"，是极大的误解。最近网上看到图片，有"谁防火，谁坐牢"的警示牌，有"精准扶贫，科学致贫"的会议横幅。这些至少与"科级"公务员的语文水平有关。"治"与"致"的一字之别，可算语文基础，但清楚区分，也不算太容易。

总起来说，语文学习中有两件事，可以算共同性基础。

一是"字词"。这方面的基础，要结合读和写，从小学到高中毕业，一以贯之，持续优化。即使如此，也还不一定就能把问题解决好。三十多年来，这方面的问题，一直是大学对中学语文教学最不满的地方。为什么总不能解决好？问题出在哪儿？值得深长思之！

二是培养良好的阅读习惯。"阅读""写作"常常并提，但二者之间，阅读是基础。阅读基础好，写作就不会太差。但阅读基础好，不等于写作水平一定很高。不少爱读书的学生，写作平平，索然寡味，驾驭复杂事物力不从心。这类问题大多与个性倾向、年龄特征以及生活阅历有关，难以强求。所以我们应多从阅读入手，狠抓基础。

培养良好的习惯，是阅读的重要基础，要一以贯之抓到底。

要养成重视诵读的习惯。诵读要注重汉字音形义的认知，要熟练。现在一说诵读，就常常混同于朗诵、吟唱。其实不应混为一谈。朗诵好，吟唱好，固然不错。但要中听，得靠点天赋。而诵读更适合每一个学生。比如上面说的"以身先之"，假如感到陌生，那就反复多念几遍，一定不难脱口而出。这是诵读的价值。如果说学习方法，这就是学语文最基本的方法。可叫"局部诵读法"吧。

同时，还要把读书和动笔结合起来。清代著名学者张英有段话值得重视。他说："若曾读此书，而全不能举其词，谓之画饼充饥；能举其词，而不能运用，谓之食物不化。二者其去枵腹无异。"（《聪训斋语》）他把能"举其词"且能"运用"，视为认真读书的基本要求，确是真知灼见。所举之词多，能用者广，收获就更大。对学生阅读习惯的培养，方式上要灵活多样，但万变不离其宗，都要力求落脚到"举其词"且能"运用"上来。

这种习惯的培养，可以与各类"动笔练习"相结合。比如写读书笔记。读书笔记应"举其词"，且有所运用，否则就很难说与"读"有什么关系。读书笔记可难可易，侧重积累还是侧重探究，不拘一格。而"举其词"，能"运用"，则应一以贯之。即使读整本书，读一堆作品，也不应例外。

培养良好阅读习惯，应贯穿语文教学的始终。现在常见到，老师喋喋不休，而这件事无影无踪。下面两个小故事，全然不是这样。

一个是张志公先生说教他语文的孟老师。那是20世纪30年代，语文课主要是诵读，讲什么或不讲什么都行。孟老师诵读很投入。读到精彩处，就摇头，有的地方频频摇头。学生一看，知道那里很重要。于是给老师取了"孟摇头"的外号。志公先生不记得是读《枕中记》还是哪篇，主人公青云直上，忽又获罪被杀时，"觉头坠地有声"。读到这儿，孟老师频频摇头。志公先生顿悟，这六个字实在妙不可言，不仅点明是做梦，而且耐人寻味。至于是心理描写，还是想象夸张，也许孟老师根本没想过。

一个是听钱梦龙老师讲《中国石拱桥》。学生读过课文，合上书，钱老师挂出一幅"桥"的图画，学生立即说，是赵州桥！老师连连夸赞，读得不错。接着，钱老师要求大家观察图画，说说这座赵州桥哪里与众不同。学生立即聚焦于那几个桥洞，争着发言。钱老师就照学生说的，一一在黑板上画，但怎么画都不是赵州桥的样子。于是大家看书，书上说：大拱的肩上各有两个小拱。简而明！学生无不叹服。至于这算不算"比喻"或比喻句，钱老师未置一词。

两位老师，前后差50年，教学方法不可同日而语，但让学生受到启示，却不约而同。志公先生对"觉头坠地有声"终生不忘，钱老师抓住"肩上各有"的表述让学生茅塞顿开，都说明语文学习产生魅力的"根"，在于对某些文句有所发现，确有感悟。

在阅读中，怎么才能由无所发现变为有所发现呢？我曾反省自己。记得20世纪70年代一次集体备课，是新课文《拿来主义》。我已读过两遍课文，可某老师谈的，我竟一点儿也没意识到。他毫不费力，就把几处文句的内在联系，一一点破，可我竟一点儿也没看出来。差距在哪儿？显然，我对《拿来主义》中某些"字词句"的关注效度，不及人家。讲作品，如果能茓来些别人的精彩评论，也不错，但不及从文本里面拎出点儿确有所见的话语，给人启发更大。那以后，我就特别注意强化自己对"字词句"的有效关注。

我这方面的习惯得到增强，有效关注度提高了，上课时，学生的收获就更实在了，对课文中某些地方，就会多看几眼了。这也算举一反三吧。这是关乎打好基础的大事，可是很容易被忽略。如果说，这是语文学习之"本"，那么文学鉴赏方法、文体写作规范、词法句法知识，则是"枝叶"。有枝有叶，诚然是好，但根基要扎实，才能长出属于自己的枝叶。

在语境中加强对"字词句"的有效关注，是我国语文学习的传统。孟老师、钱老师，还有很多很多老师，都尽量使学生在阅读中聚焦于那些特别值得琢磨的"字词句"，以求有所感悟发现。一些老教师把这个叫作"读懂"，这应是培养良好阅读习惯的传统。这个传统，应该发扬光大。

三、诵读上口，疏通大意

文言阅读，是语文教学的重要组成部分。但几十年来，文言阅读几乎等于文言翻译。读一篇文言文，每一句都要"对号入座"翻译。这么做，与打好文言阅读基础不是一回事。

打好文言阅读基础，首重诵读和疏通大意。即使不能句句读得上口，总要有些文句上口，这才是文言阅读的根基。若把"翻译"看得太重，注意力就分散了。还拿"以身先之"来说吧，明白这四个字的大意，读得上口，半分钟都不用。可是一搞翻译，就要在古代汉语与现代汉语的区别上"较劲"。"以……"是介词短语，翻译过来也得是现代汉语中一个介词短语才成，如果说成"身体力行"，就得担心考试扣不扣分。而这个"之"也很麻烦，如说是指代，那指代什么呢？如果看成是凑成音节的语气词行不行？纠结于翻译，简单问题复杂化了，别扭的说法代替了顺当的表达。这样的例子俯拾皆是！

任何翻译都会导致信息的丢失。中国人学中国话，为什么把是不是"直译"看得这么重呢。文言文里好些地方本来一读就懂。如"廉颇者，赵之良将也"，本无难度，但鸡蛋里也有骨头。得知道这是"判断句"，翻译时不加上个判断词"是"，就不行。据说，这是要掌握文言句式的基础知识！当然，了解点古代汉语基础知识很有益，但这毕竟不等于文言阅读的基础，而是学古汉语专业的基础。此基础，非彼基础；文言文，并不等于"古代汉语"啊！

而且，拘泥于翻译还会妨碍疏通大意。比如《过秦论》最后一句"仁义不施，攻守之势异也"，如果翻译成"不施行仁义，夺取天下和巩固政权的形势就变了"，大概行。否定句倒装，颠倒过来了。"攻"和"守"也对号入座了。其实呢，意思并没疏通。最近一位老师问我，他不明白，秦以前不是一直就没施行仁义吗？怎么说不实施仁义造成形势逆转呢？这是位骨干教师，他为什么搞不明白呢？

因为这里疏通的难点，恰恰是不用翻译也不好翻译的"仁义"二字。这里说仁义，与一般儒者不一样。《过秦论》"中篇"紧接着讲，打天下、夺取胜利，未尝不可凭欺诈、用暴力，而天下已定，就不能再那么搞了。"仁义"二字的语境义是很清楚的。章太炎先生对汉初儒者，唯独称许贾谊，认为只有贾谊能结合"攻守"的不同形势，把"仁义"谈得一针见血，正是指此而言。这句的大意是，"攻守之势已异，仍不施行仁义"。这么疏通一下，我们就走近了贾谊，明白这里的"仁义"，指的是对百姓施仁政、倡导仁义来治理国家，而改变与敌对者武力抗衡那套做法。不同时期，需要不同的治国方略。人们常说"马上得天下，不能马上治之"，即是此意。

文言阅读，应挣脱"翻译"的纠缠。否则，让学生从文言诗文里获取语言营养，懂得传统文化，就会事倍功半。

古诗文中的精粹，若能"原汁原味"，脱口而出，最好。不少成语是文言，不是可以脱口而出吗？把成语延展一点，为什么不成？习近平同志讲话，大量用古诗文名句，顺顺当当，明白好懂，难道非翻译一下不可吗？很多古诗文名句，原本就不适合译，那么就让高雅的审美情趣潜移默化，不是更好吗？现在，低俗的话语风气太盛，佶屈聱牙的翻译，实在起不到纯净祖国语言的作用。所以，我主张用疏通大意、培养语感、引导应用，适当取代"翻译"。所谓培养文言语感，并不是要求写文言文，而是要让充满活力的文言元素顺当地"活"在人们的话语中。这是倡导"应用"的目的。

四、卸掉包袱，提高效率

几十年来，语文教学包袱沉重，不卸掉包袱前进不了。20世纪50年代中期，苏联的文学教学被当成我国语文教学的模板。作者、背景、内容分析、写作分析、语言分析，成了语文课必讲的几大块。"讲"风大盛。以后，现代汉语、古代汉语、文体写作、文学知识，越来越多。"枝叶"层层叠加，语文教学之"本"日趋淹没。

我曾经把自己的教学方法叫作"减法"。因为不减掉些枝叶，加强阅读基础的很多事情就排不上队。20世纪末，经过几年的课题研究，我确信，对一句话、几句话的有效关注，就是阅读的基本能力，而文学阅读与非文学阅读，倘就基本能力而言，并无显著差异。于是我便大胆减掉枝叶，用更多时间让学生动脑、动手、动口、自读。

这次语文新课标的修订,令人耳目一新。语文教学长期背负的包袱见不到了。丢掉包袱的力度之大,前所未有。过去包袱太多,正是语文教学效率很低的一个重要原因。

卸掉包袱,就有可能把着眼点更多地转向学生的语文应用,或者说,通过开展多种多样的语文学习活动,使各类学生在各自原有的基础上迅速提高。

新课标有很多重要提法,比如积累、建构、梳理、整合、体验、想象、辨识、分析、探究、审视、批判等。其共同性基础,都离不开张英所说的"举其词"且能"运用"。而这些新提法,则为各类学生在不同维度上的发展,拓展了极大空间,教师可以充分发挥创造性,从而使语文成为一门学生爱学、教学效率高的基础学科。

教学效率高,就是教学质量高。质量问题的核心,是提高学生语文学习的积极性、主动性。离开学生的实际基础,学生够不着,或者学生感到没劲儿,都不可能提高积极性。所以,不管组织什么样的语文学习活动(包括学一篇课文,也包括个别化教学),都要使学生乐于参与,还得不断获得成就感。这会涉及多方面问题,例如怎么提要求、怎么设计过程、怎么准备相关资料、怎么引导、怎么呈现学习成果等。而诸多问题当中,最重要的始终是"有效互动"的质量。质量高,学生的积极性会喷涌而出,在阅读、表达、交流方面的优异成果,会令人惊喜。

有效互动,离不开师生互动。教师循循善诱,善于启发,即使学生暂时没说没写,"师生互动"也是有效的。

但仅靠这种互动还很不够。在班级教学模式下,学生与学生之间的有效互动尤其重要。过去我教过很多班,只要班里语文学习骨干多一点,交流氛围浓厚点,教学质量肯定比较高,学生的作用比教师还大。所以，一定要营造各种条件，各种机会，打造各种"平台"，使各类学生不断脱颖而出，不断提高"生生互动"水平。我觉得这是提高班级语文教学质量之"本"。

退休前，我意识到这一点。但手段有限，要使学生的积极性可持续发展，困难很多，无可奈何。退休后，我对信息技术懂了一点，开展了"双课堂"教学实验。实验表明，"双课堂"这个"抓手"，能把各类学生的积极性持续、有效地加以引导提升，对提高语文教学质量有很大好处。

由此，我进一步想到，如果我们把"学生间的有效互动"，视为学习质量的某种标志，那么我们为什么不能研发出测量"学生有效互动"的软件？这件事会有点麻烦，但肯定可以研发成功，只不过要花大力气。研发成功了，对提高语文教学质量一定会起极大作用。

最后，就怎样贯彻语文新课标说两点建议。

1. 不要等待。新课标，是对语文学科宏大愿景的整体描绘，要深入领会的问题很多。但我们不能幻想诸事齐备、水到渠成，然后大家轻轻松松去上课。这是不可能的。我建议，一线教师坚持固本培元，倾心于教学实践，那么，宏大愿景就会离我们越来越近。

2. 积极创新。这次修订的新课标，是坚定教育自信，推进教改创新的重要文件。一线语文教师要应对挑战，把学生的语文学习活动组织得更好，从而提高教学质量。在积极创新方面，建议老师们采取务实的策略："点"上突破，集腋成裘。

但愿前面谈的体会，能有所助力。不妥之处，敬请指正。

语文教学灿烂的明天，一定属于在座各位！

谢谢大家。

2018年3月29日北京市中学语文教学研讨会发言稿

二、再谈语文教学之本
——关于《归元返本　面向未来》

一、什么是语文教学的"本"

《归元返本　面向未来》一书，反映了我对语文教学之"本"的思考。

当今世界的事情太多，令人目不暇接，或五彩缤纷，或悠远绝尘，或夺人心魄，或令人愤慨。总之，眼下人手一部的手机，不啻是"纳须弥于芥子"的神器，人们的眼界似乎从没有现在这样开阔。而正因为如此，我觉得更不可忘"本"。本者，根本之谓也。世间万物莫不有其"本"，即其所以生发的"本原"。浩浩长江的本源，不过是三江源的几条小溪。思考本原，利于以简驭繁。找准本原，发展的潜力一定不可限量。《归元返本　面向未来》中，对语文教学之"本"，可归纳为十个基本观点。

1. 语文教学之本，在某种意义上也就是语文教师之本。语文教师之本在于"做人"。做什么样的人？做苏予、刘秀莹、俞汝林等各位前辈那样的人，也就是像顾炎武、林则徐那样真正有家国情怀、天下情怀的人。语文教师要做这样的人，并潜心致力于语文教学。这样的愿望，使我对语文教学付出了较大努力，并逐渐加深了认识。

2. 语文教师一定要在"读书"上勤下苦功。突破瓶颈，取得自由。

3. "讲"是语文教师的基本功，要不断提高"讲"的质量。

4. 要学会"问题化"处理教材。否则教学很难有启发性。

5. 要切实解决学生的具体问题——楼要一层一层盖。

6. 要不断加深对语文教学的研究和理解，绝不跟着什么时髦的东西瞎跑。例如"整本书阅读"，是近年才时兴的说法，但不可看成"时髦"的东西去"赶"。因为这是语文教学中原本就该重视的问题。

7. 我对语文信息化的理解，其实也源自语文教学的题中之义——激活学生"主体"的潜力，把各类学生阅读写作的活动充分开展起来，使之成为可持续发展的教学活动。

8. 关于教材。从教师层面来说，它就是有效组织学生开展语文学习活动的"平台"，或者说是开展读写活动的"抓手"。

9. 关于语文教改。教师参与教改，"渐进""实验""集腋成裘"是坦途。减轻过重负担，就语文教学而言，主要是要解决好"语文知识"的分类处理以及"常规语文课堂教学模式"的灵活应用问题。

10. 教学（读写能力）评价科学化的路很长，只有加大力度，才可能制定出从语文实际出发的动态的、可操作的"量表"。

二、语文教师成长的要素

语文教师在教学中的成长，情形各异。究竟哪些因素最起作用，问题很复杂，我说不大清。但我能说清哪些东西不容忽视。有些东西，可能很重要，但翻来覆去"炒"，费时费力，用处并不大。而有些东西大家说得也许不多，但绝不容忽视。

凡是愿意当骨干教师的，肯定都很努力，这就一定有个劲儿往哪里使的问题。用不着太使劲的地方乱使劲，无益；该使劲的地方使的劲不够，不行。我之所谓要素，大抵指此而言。

我想，学生的认可度，是不是可以算教师成长的一个要素？学生不认可，教师的成长肯定困难重重。学生的认可，涉及教师主观方面的因素，也涉及师生双边关系。如果教师责己不严，或者学生对教师产生误解，就很麻烦。从教师主观方面说，有特长、学问好、让学生佩服，容易赢得学生认可。但若仅靠有特长、学问好，也未必能持续受学生认可。教师工作，平凡琐碎，日复一日。"我辈从教日复日，倏然已过五十春。黄城稚子杏坛老，府库珍奇岁岁新。"这是我偶然的感慨。其间的甘苦，让我深深感到，学生认不认可，大多与"不言之教"有关。学生的认可度，或可叫作教师的"师范度"。

当然，作为教师，口头表达和组织能力极为重要，也是不可或缺的成长要素。如果口才好、亲和力强、组织能力强，优势就很大。这样的老师，即使语文修养一般些，课堂教学新意不怎么多，教学成绩也能很好。不过，要在语文教学上发挥骨干作用，可能还不足。

语文骨干教师，应当在教学中取得突破。即在教学中能把某些实际问题解决好，在某方面或某几个方面有所发现，有所创新。这就是取得突破。有所突破，应当是骨干教师成长的一大"要素"。

如果进一步把成熟的经验加以总结，那就不仅是骨干，而且一定能成为大家学习的榜样。

回顾语文教学的发展，出色教师代不乏人。20世纪80年代初，上海的钱梦龙、于漪和北京的章熊（当然还有别位），都是突出的代表。钱老师凭借课文,把激活学生对语言文字的理解思考做到极致;于老师在文以载道、情绪感染和启发式讲授方面如行云流水,凡听课者无不佩服。两位路数不同,但都把课堂教学问题解决得极好,对语文教学起了很大推动作用。那时北京这边,叶老、张志公先生强调语言应用问题。这个问题怎么落到实处?有主张讲"语用学"的,有主张抓口语"听说"教学的,也有认为语言应用就是抓好作文的。章老师从语言应用的实际出发,提出"简明、连贯、得体",在"语用"观念上是了不起的突破,突破了语法知识的束缚。不少同志受他的启示,创造了多种练习,有力推动了语文教学的发展。当然,后来商业驱动,有人胡乱编制,错误百出,就令人生厌了。总之,从一般化"串讲"到"课堂讨论"的运用,从篇章分析到文学教育,从教师讲授到穿插多样化练习,语文教学不断有所突破。这些年,语文骨干教师的成长形势喜人,或将孕育更多更大的突破。当今的骨干教师,应当以钱梦龙、于漪、章熊为榜样,努力攀登。尽管达到他们那样的高度很难,但只要抓住根本,潜心于教学实践,虽不至,不远矣!

潜心于教学实践,就是从实际出发,把教学规律用好用活,使学生不断提升参与语文学习的有效度。为此,教师就要不断充实自己,提升自己。让学生做的事,自己先来做好。否则教师的发言权就会越来越少,学生的认可度也会越来越低。

我认为,如果始终把力气用在这个根本问题上,语文教学就会不断创新,就会走上通向未来的坦途。

三、把握教学规律,是教学的"本"中之"本"

骨干教师肯定是合格教师。合格,就是达到语文教学专业的一般要求。简单说,就是"掌握""驾驭""熟悉"。——1. 对语言文字、语法修辞、文体写作等相关知识、文学文化常识,要掌握较好;2. 对文本解读的常规模式,要熟练驾驭;3. 对若干名家名篇,要相当熟悉。这就能当一名合格的语文教师了。

但要有所突破,仅凭这些还不够。凡在教学上有所突破,一定是能把一般性要求不一般化地恰当处理,也就是说,绝不把上述一般性知识,照本宣科地向学生宣讲、灌输,绝不是按照某种既定模式,去搞枯燥的文本解读。而一定是从实际出发,按教学规律去处理知识,去搞文本解读,去指导写作。

语文教学要活用教学规律并不容易。大量语文学科知识,可能有某种学术价值,但知识的系统性与教学规律不能混为一谈。有些知识讲一点,会有启发性,没完没了讲下去,学生疲劳、厌烦、无用,那是肯定的。解读文本、介绍名家名篇,本可引发学生对语文学习的浓厚兴趣,但适得其反的并不罕见。因为文本解读的常规模式与教学规律也不能混为一谈。语文教学不受学生欢迎的原因很多,但不能按教学规律办事是主因。教学规律是教学的普遍真理。能从实际出发,运用教学规律把一两个实际问题处理好、解决好,就是创造,就可能带来突破。

那么,什么是教学规律?北京四中有"十大教学原则",是对教学规律的极好概括。(《归元返本　面向未来》358页)

十大原则是:1. 循序渐进(朱熹《论语》集注),2. 举一反三(《论语》),3. 深入浅出("五四"以后多见。可能邹韬奋用的较早),4. 直观形象(四中教师的共识,可与"深入浅出"互为补充),5. 文以载道(韩愈),6. 温故知新(《论语》),7. 循循善诱(《论语》),8. 有的放矢(毛泽东《整顿党的作风》),9. 因材施教(朱熹),10. 教学相长(《礼记·学记》)。这十条可从四个方面理解。1—2，侧重于"学"的规律。3—4，侧重于"教"的规律。5—9，从"思想性""新知"与"旧知""启发性""目的性""多样化"与"个别化"等五个方面，阐明了立德树人的根本原则。第10条，是教师成长的至理名言。教学是个动态过程。学无止境，教无止境。教学过程是彼此促进的过程。从"教"的方面来说，也就是教师不断实践、不断加深对教学原则理解的过程。明乎此，教学水平便会不断优化。

学术水平很高的人，如果不谙这些规律，并不妨碍其成为顶尖学者，但未必能成为好的教师。

这十条，时时鞭策我；我反复体会，受益良多。比如，举一反三、文以载道、深入浅出、循循善诱这四条。举一反三，是学有所得的关键，倘若没有学生主动学习，也就没有举一反三。文以载道，是做人作文的核心问题，如没有这一条，教师也就不成其为教师。教师对学生影响深的，大多不是知识的讲授，而是道德修养的潜移默化。深入浅出，是"道"的极高境界。教学中的深入浅出，是学生循序渐进的保障，也是对教师个人学识素养的严格检验。课堂上经常可见的，是浅入浅出、浅入深出、深入深出，这些都是令人戒惧的反面教员。循循善诱，可看作"启发式"教学的另一种表述，无启发便无所谓"善诱"。对于"教"来说，"温故知新"可看作"循循善诱"的一种方法。循循善诱，必与因材施教结合，与个别化指导结合，始能落实。

教学上的创新，莫不源于对教学规律的创造性应用。教学上的"新招儿"，若与教学规律相悖，便没有生命力。若符合教学规律，即便与现行的某种"常规"有冲突也要坚持，因为那可能正是提高教学质量的"发力点"。对教学基本规律的理解，主要不在于

"知"，而在于"行"。假以时日，潜心默运，便能用好用活。

所谓"创新"，其实并不玄奥。帮助学生学好语文，有许许多多很值得做的事。比如组织学生听写，比如定期组织学生交流课外阅读心得，比如作文"面批"，比如坚持开展把一句话拓展、把几段话浓缩的练习，等等。这些事可能卑之无甚高论，但只要遵循教学规律去做，定能取得极好的效果，而创新即在其中。

总之，对教学规律的灵活运用，是寻求教学突破之"本"。

我对语文教学的探索，常拿自己怎样学习语文当参照。静心读书，认真写字，做人作文，辞达而已，是我个人的追求，也是我考虑教学问题的参照。要想了解学生，不妨先反观自己。自己若脱离这十六个字，就离开了语文学习。

《归元返本　面向未来》，收集了40年来我在语文教学研究中自以为有价值的一些体会，可反映我的"发力点"在哪儿。或许对今天的骨干教师有一点参考作用。至少，我的"弯路"不必再走；如有违背教学规律的东西，就当反面教材吧。前面归纳的十个基本观点，在《归元返本　面向未来》一书中已经说得够多，兹不赘述。

最后，以四句顺口溜共勉——培元固本练内功，咬定青山不放松。水到渠成终有日，碧波满目夕阳红。

2017年1月21日语文教师骨干班讲稿
2017年12月10日整理定稿

三、语文教师的专业成长

语文教师的专业成长,很值得深入研究。今天教育学院给我机会,让我谈谈这方面的体会,我很感谢。

一

首先想说说,语文教师的"专业性"究竟在哪儿。

语文教师的专业,与语言专业、文学专业的关系可能多一些,但它既不是语言专业也不是文学专业。语文教师的专业是语文教学,这么说,一般没什么异议。但什么是语文教学?理解会不大一样。

我认为,说它是"组织学生有效开展读、写活动"的一门基础学科,似乎较好。但人们一般默认:语文教学即"语文课堂教学",语文教师的主要工作即"上好一堂课"。这么理解也有道理。语文教师上好课,学生再"考"好一点儿,肯定任何一位校长都会很满意。

所以,对语文教师的专业成长,不妨从"上课"谈起。

关于语文教师的上课,据我的经历,我觉得可分两大阶段。

一是上课的随意性较大的阶段。1953年到1959年,我读过四所中学,十几位语文教师给我上过课。那时的语文课,总是先要读一遍课文,接下来大致是两种倾向:要么是教师随意挑出点什么讲讲,发挥发挥,没得讲了就让学生自己看书;要么是教师串讲课文,从分段分层到说明大意,或从情节、人物讲到主题思想等。回想那时当学生的感受,似乎比较喜欢前一种,老师讲的少,轻松。后一种并非不值得听,但往往感到没意思,太累。我猜,从20世纪20年代到50年代,语文课基本是这样的。后来我读到叶老极力提倡"精读""略读"的文章,印证了我的猜想。上好精读课、略读课,是叶老给语文教师树立的标杆,也可看作是那时对语文教师专业成长的要求,能达到要求的肯定不是多数,否则就不必树立这样的标杆了。

二是20世纪50年代中期以后,上课的规定性增强了。从学习苏联教学法开始,先是"文学""汉语"分家,后又合起来,不断增加新东西。既要参照"教参"细讲,又要讲"语、修、逻、文"等"语文知识",这又是四十年。这个阶段,对语文教师专业成长的要求,体现为某些知识专业性的不断增强。

我的教学工作,与第二阶段基本同步。两个阶段的主要区别,是在对语文教学内容的规定性上。所谓规定性,通常以"教参"体现"讲文章(课文)"的要求,以教材的"知识短文"体现语文知识的要求。至于上课,大体是"文章"解读,结合着讲"语文知识"——现汉、古汉、文体、写作、修辞、文学史、文学鉴赏、阅读方法、思维方法,等等。但这些能不能算语文学科的"专业",我觉得说不清。

因为按此"上课"的结果,是语文课不大受学生欢迎。也就是说,语文教学内容上的这些规定性,存在较大问题。教师上课即使中规中矩，也顶多算"合格"，而并不能让学生喜欢语文。通过对许多成功课例的观察，我体会到，要把"课"上好，最重要的其实不是这些规定，而是教师吃透教学内容（主要是课文）后所做的恰当处理。这才是把课上好的"诀窍"。

所以我认为，语文教师的专业水平，主要体现为对教学内容恰当处理的水平。把这"处理"看成某种"方法"，我不赞成。我觉得，语文教师的专业成长，主要是在这"处理"二字上不断增强悟性。

要让老师不断增强"悟性"，客观方面，最好是对教学内容的规定不要过于烦琐。既有规定性，又有较大弹性，才既符合各类学生的需要，也利于教师把学生阅读写作活动更好地开展起来。可惜的是，在规定教学内容的时候，目前尚不足以从学生学习效果上进行必要的论证。在这种无奈的情形下，如果要对语文教师的"专业"加以描述，相当困难，最好是宽泛些、灵活些，既明确又留有余地。

语文教师要把教学内容"处理"好，从主观方面说，就是要树立学生为主体的观念，把学生能怎样学、怎样能学好放在首位。为此，我倾向于三个"不认同"——不认同语文教学即等于传统意义上的课堂教学（语文教学所承担的教书育人任务，绝不是局限于狭隘的"课堂教学"所能完成的），不认同一篇篇从头到尾讲文章的必要，不认同让学生系统学习语文知识的必要。这样会有利于语文教师从实际出发进行创造。

在"处理"教学内容上，我做过一些探索，写在《归元返本面向未来》那本书里。对如何"上课"强调了九个字：①"讲其可听"——筛选点听起来有启发性的东西来讲；②"减法"——

用"减法"处理课文和语文知识,多留点时间给学生读读写写;③"问题化"——用"问题化"的方式引导学生去读,去写。"问题化"很重要,"问题化"的水平,是教师专业水平的重要组成部分。

这三条是就"上课"来说的。但语文教师的专业成长,不能仅局限于上课。就上课,说上课,过分讲求上课"方法",那语文教学就成了一门"手艺活儿"。

语文教师应关注的问题很多。有人从陶行知的名字上悟出"行之是知"四字,强调"知"在"行"中,我非常赞成。我觉得,语文教师的四种行为——教学实践、学生工作、勤于读书、乐于写作,都与语文教师的专业成长密切相关。

二

"语文学科知识",是语文教师专业成长绕不开的问题,也是在我的专业成长中经常纠结又必须面对的问题。

大约是20世纪80年代初,一句"公之视廉将军孰与秦王"的"之"字,曾令老师们踌躇了好久。句子的意思很容易明白,但这个"之"的"落实"很费劲。而类似的例子不胜枚举。这使我强烈感到"语文学科知识"亟待优化。

语文学科是基础教育阶段的基础学科。基础教育阶段的各学科都是基础学科。而语文学科则是基础学科的基础。这样的定位应当没有疑问。既然如此,那么语文学科的基础知识,就应当是足以成为其他基础学科学习基础的知识。但现在的语文学科知识却并非如此。"公之视廉将军"的"之"怎么讲之类,便没什么用。

足以成为其他学科学习基础的、对学生一辈子管用的,主要是语言文字实际应用的基础知识。语言文字是吸纳各种信息、传达各种信息的凭借。各种信息的吸纳与传输，离不开语言文字的应用。与大多数人语言文字正确运用关系密切的，主要是"常识"，而不是"专识"。"公之视廉将军"的那个"之"该怎么讲，属于"专识"，而且专家们的见解并不一致，这哪还有什么基础性呢？

专门性知识并非无用。譬如营养学，对营养师有用，但普通人一定不是先学好营养学才会吃饭。有点专门性知识也很好，但第一位的还是得把饭吃好。

对语文教师来说，增强语感，增强对语言文字在具体语境中正确应用的感觉——应当这么说、不该那么说，这么说是这个意思、那么说是另外的意思，等等，不一定要讲什么太多知识，但若能具体问题具体分析得明明白白，往往最能给人启迪。吕叔湘、张志公等前辈都是这方面的大师。这应视为语文教师"基础性"的东西。

增强语感，是语文学习的基本规律。而一旦把专门的知识体系搬到教学中，就要进入概念叠加的理论演绎轨道，难免不"形而上学"，脱离实际。

说得严重点，我觉得这是过分抬高西方文化而忽视传统文化的不良后果。我国传统文化重视归纳出来的"学理"。比如"因材施教""有教无类"，等等。而西方文化，更重视通过"演绎"去构建"体系"。这就使得相当多的"学理"以及所派生出的知识，虽具有某种学术价值，却缺少应用价值。我也因此而始终对"知识爆炸"的说法存疑。那些"爆炸"的果真是"知识"吗？

语文知识，应当以语言的实际应用为依归。这方面，语音知识处理得较好，而语法、文体等则处理得不够好。

我很赞成王宁老师的观点，她主张在四个观念下讲语言运用知识。1. 汉语特点是语义中心（不是结构为中心）。2. 语文讲的是言语。单位是字词、句、篇章。向大走，不是解构到细胞。汉字的表意性是基础。3. 古今沟通，不是西方的共时、历时分开，而是泛时（汉语与西语的一个显著不同，是具有"泛时性"。这一点与汉语不是表音文字有关）。文言白话不能光说差别，首要在于沟通。4. 从现象出发，不要隔着现象讲空洞的规律（强调为应用服务）。

这些都是亟待解决好的问题。否则会逼着语文教学离语言应用实际越来越远，对语文教师的专业成长不利。

有些人即使系统学习语文学科知识，也不会感到负担过重，但大多数人则不然。许多人对语言文字"确切认知——稳定关注——整合消化"的习惯原本就不强，学科知识负担再很重，他对语言文字的实际应用能力就会更弱。学生如此，教师也如此。所以，"语文学科知识"亟待优化。

这原本是学科建设该解决好的问题，但没解决好。所以语文教师的专业成长，必须面对这个现实问题，自行适度解决。

三

语文教师要有文化自信，要把握住"读书、作文、做人"这一语文教师工作的"纲"，这样，就能在专业成长上不断有所创造。

这里包含两个相互联系的问题，一是"文化自信"，一是语文教师搞好教学工作的"纲"。

现在文化不自信的风，似乎很时髦。有人甚至乐此不疲，不断有所"发现"。比如，某报刊"总编"居然说中国传统文化只有技术而没有科学，而立刻竟是一片随声附和。其实，如果推敲一下什么叫"科学"，这句话其实是站不住的。"科学"这个词，作为名词,可以用来指反映规律的相关知识体系,作为形容词,则凡合乎客观规律的系统认知,都可冠以"科学的"三字。而我国传统文化中对许多问题的认知,无疑反映了对相关规律的系统理解,比如中医治病、针灸疗法、与制定历法相关的天体运行观测,科学性都很强,只不过对相关规律的系统描述方式,与西方的符号系统差别很大,怎能轻率得出传统文化没有科学的结论呢?看来这位"总编"至少是语文应用基础有缺陷。

又比如,"五四"以后,大家都看好"德先生""赛先生","西学东渐"成为一股很强的风。当时跟上这股风才是进步。我国民主革命成功,不能说这股风没起积极作用。但总是"一种倾向掩盖另一种倾向"。比如最近纪念五四运动一百周年,有人就说,不提"德赛"两先生,而说五四运动的本质是"爱国主义"不对。意思是,应当把五四运动的本质认定为科学、民主,而不应认定为爱国主义。这种指责,在"语用"上也是有毛病的。至少可以说是偷换了概念,把五四运动与新文化运动混为一谈,是一种并不高明的打烂仗手法。或者说是缺乏常识。

语文教师的文化自信,不能停留在说空话上,而要把语言应用与教书育人的工作结合起来,把个人修养的提升与不断读书、增强对优秀传统文化的理解结合起来。

语文教师的阅读面应当非常广,应当特别注重慎思明辨、博取约守。这样的阅读习惯,有助于不断增强自己的文化"定力"。

传统文化中对"定力"的透彻论述很多。关于"中庸"的阐述就很好。"喜怒哀乐之未发谓之中,发而皆中节谓之和。"意思是说,各种情感的产生,是人的本性,表达出来而不乖戾,不过分,自然而然,就符合人类善良本性,合乎这个分寸就是"中"之道、

"和"之道。这样，就"天地位焉，万物育焉"(《礼记·中庸》)。人的修养，与天地万物的存在与发展一致，这是最强的定力。

当然，无此修养，也是极普遍的现象。所以，我认为理解"中庸"的真谛非常重要。不能一说"反封建"，就把几千年的中国文明史一概斥为"专制"；一说美国有很多优点值得学习，就把美国"民主"捧上天。近日看到一文，谈"在同一个历史天空下"，把齐白石与居里夫人扯到一起，把乾隆与华盛顿相比较，费了很多笔墨，而无非是要说中国早就没希望了，骨子里与抗战初期的"亡国论"是一样的。这种种"风"还要刮下去的。不盲目"跟风"，将是很严峻的挑战，但不容回避。语文教师要在教书育人的过程中成长，"定力"强些，不误人子弟，自己的专业成长就会更好。

另一个问题，与文化自信相关，就是语文教师工作的"纲"。读书、作文、做人，既是"教"者之纲，也是"学"者之纲。

语文教师不是"教师爷"，而应当把自己看成某个学习共同体中与学生平等的一员。学生要读书、作文、做人。教师也一样。

读书，主要指读经典。但"读经典"不等于人人都从头到尾去细读那么多文本，而有多种读法。作文，即语言表达，主要是书面表达。但"书面表达"不等于写一篇"应试作文"，而有多种方式。做人，可简单表述为"择其善者而从之，择其不善者而改之"。我有几篇文章谈"对我影响深的"人和事，基本反映了这个意思。总之，语文教师要严格要求自己，真诚对待学生。让学生做的，自己也要做。教师的专业成长不能离开学生，若离开学生，就是教师专业以外的事情了。

只要在读书、作文、做人上锲而不舍，就会不断进步，就一定能在专业成长上取得较大突破。

关于读书、作文，还要补充几句。1. 一定要突破"读文章""写文章"的局限。否则，我们的语文教学就很难使更多的学生学有所得。这样理解读、写，才能有教无类，否则学生会不喜欢语文。2. 语文教师永远要把"读、写"放在首位。也就是说，不是把"怎样读"的系统知识、系统方法放在首位，而是把提高自己读的能力——从文本中汲取信息、有所发现的能力，放在首位；不是把"怎样写"的系统知识放在首位，而是把写的能力——根据实际需要讲几句恰当的话的能力，放在首位。坚持如此，必有所成。是否有所成，检验的标准就是对学生的启发性是不是更到位了，学生受到的启发越多，教师的"所成"越多。

我这么说，并不是摒弃系统知识、系统方法。对教师来说，多了解些知识、方法，是有益的，能在教学中适度应用，就更好。但一定要看到，知识、方法之外，还有更重要的东西。

实事求是，把学生"多读多写"的事情办好，比搞5G，搞汽车，要容易得多。把学生"多读多写"的事情办好，就是最好的语文教师。这件事，绝不是系统讲授怎么读、怎么写的"知识"所能代替的。

语文教师专业成长的"发力点"，恰恰是在这件事情上。把学生"多读多写"的事情，力求做得好一点，再好一点，语文教师的发展、创造，必将不断翻开新的一页。语文教学的前景不可限量，语文教师的成长也不可限量！而这，绝不仅仅是上一节课的事情。

人老了容易啰唆，容易自以为是，以上可能诸多不妥，谨请批评。谢谢！

2019年5月27日北京教育学院讲稿

2019年6月5日定稿

四、语文教师的专业阅读

一、什么是语文教师的专业阅读

语文教学既然是个专门职业,那么从道理上讲,语文教师的"专业阅读"这个命题就可以成立。倘若我们能对语文教师"专业阅读"所涉及的范围、目的、效度等诸多复杂问题做深入研究,那么对于什么是语文教师的专业阅读,是可以搞清楚的。但眼下,我们只能在经验层面做些讨论。尽管是经验层面的探讨,肯定也是有意义的。

语文教师的专业阅读,与人们的一般阅读,都属于对"书面语言"的认知行为,这是共性。我们探讨什么是语文教师的"专业阅读",是想弄清它的特殊性。如果能对此取得进一步认识,那肯定对语文教师的成长十分有益。

如果把语文教师的阅读和临近的某些行业比较,比如与语言研究、文学研究、编辑工作、秘书工作、法律文书工作等相比较,就会发现,专业内容不同,在阅读上所带来的问题便会有所不同。

近日看到一则报道:"丁某贷款买房,逾期不还贷,法院依法判决腾退,案外人证据不足,被强行清退。"反复琢磨,不解其意。障碍就出在"案外人"这一专业用语上。原来,丁某已把房卖给另一人,该人拒不搬走,但拿不出拒不搬走的充足证据。该人在丁某欠贷一案中属于"案外人",而被"强行清退"的便是此人。专业性阅读,往往涉及许多专业用语。这是各种专业阅读的显著特征,语文教师的阅读也不例外。

专业阅读,必然要读些专业书籍(包括典籍)。比如《广韵》,是一本非常重要的中古时期的韵书,但即使专门研究语言的人也未必去读。而对某些研究音韵的人来说,却要花大力气去读。所以,要读些专业性强的书,也是专业阅读一个显著特征。但同属一个专业的人,需要认真去读的专业书籍,可能不尽相同。同属语文教师,有人在文言典籍上下功夫勤,有人在现当代作品上储备更厚实,他们所读的专业书籍就不尽相同。所以,要给语文教师的专业阅读硬性规定必读书,困难一定很多。

语文教师的专业阅读,一般不一定去读专业性太强的书。过去,在茅盾年轻时,有所谓"秀才不读三通是为不通"的说法,所以茅盾说他年轻时所读的书,在十三经、《昭明文选》之外,还提到"三通"。但那时的读书人,真正读"三通"(《通典》《通志》《文献通考》)的其实也不多。"三通"在工具类的书籍中,专门性很强,所以那时即使很有水平的读书人,大多也并不在"三通"上下功夫。

语文教师要努力提高"语文"水平,这个"语文",或指语言文字,或指语言文学,或指语言文化——迄无定论,但要提高语文水平,就要具有对祖国语言文字的敏感,就要具有广泛的文化储备,就要对学生的阅读写作活动具有较强的指导能力,这是没有异议的。因此,语文教师的"专业阅读",要有助于筑牢宽厚的文化基础,这才能适应语文教学的需要。按说,大学中文系本科毕业,相关的文化储备应当较好。但实际上,当了语文教师之后还必须下很大力气提高。

初中课本里有篇课文《统筹方法》，原是华罗庚先生写的，有很强的专业性。当作课文的这篇是叶圣陶先生改写的，华罗庚认为改写得极好，比自己原文好得多。这说明，叶圣陶先生是把华罗庚先生那篇专业性很强的文章完全融汇了，然后用对数学专业并无太多了解的人也能读懂的平实话语来表述。这说明叶圣陶先生的文化储备极深厚。而这件事大概很可说明语文教师的专业阅读，应当是筑牢宽厚文化基础的阅读，是着眼于"融通"——世事洞明、人情练达——的阅读。否则，在教学中就不可能深入浅出地讲授学生比较难于理解的东西。深入浅出，是优质教学所必须遵守的原则，也可以说是一条颠扑不破的教学规律。不深入浅出的教学，一定不是受学生欢迎的教学。

所以，是不是可以说，语文教师的专业性阅读，与非教师行业的专业阅读最显著的不同，就是它是一种筑牢宽厚文化基础，从而使自己对相关的文化知识、包括某些专业知识能够有所融会的阅读。

记得20世纪60年代初，邓拓当北京市委文教书记时说，语文教师要当"杂家"。我想语文教师的专业阅读，也可以说是当"杂家"的阅读。这与当文学家的阅读，当语言学家的阅读，当政治家、哲学家的阅读，是不同的。这样的定位与语文学科是基础学科、与语文能力要切合实际运用语言的需要是相适应的。

二、语文教师怎样进行专业性阅读

语文教师的阅读，应当利于引导学生立德树人、提高语文核心素养（主要是提高读写能力）。怎样进行这样的阅读？下面谈几点意见供参考。

（一）苦读医愚

这是借用于漪老师的话。最近见到于老师这么一段话，拿来与大家分享。她谈自己初当语文老师时是这样阅读的。

> 苦读中文专业书，阅读经典名著，增添文化积淀。苦读，绝不是如学生时代读列夫·托尔斯泰三大名著、巴尔扎克《人间喜剧》、雨果名著时的或感情激荡，或潇洒快意，或梦幻神游，而是正襟危坐，一本本啃。从《语法修辞讲话》《修辞学发凡》《艺概》《文心雕龙》到《左传》《史记》，到《中国哲学简史》《辩证唯物主义与历史唯物主义》，以中外文学史为经线，翻阅各时代重要的作家作品。读这些磨脑子的书往往都在晚八九点钟之后，白天忙于教课、备课、改作业，只得明灯陪我过半夜。西汉目录学家刘向说："书犹药也，善读之可以医愚。"坚持阅读，在文、史、哲精神文明中吸取养料，提升气质，增添识见，力争早日脱愚，改变思想贫乏、言之无物、面目可憎的状况。（《一辈子学做语文教师》，见《语文教学通讯》2017年第5期）

于老师用"苦读"和"医愚"来述说自己的阅读。"苦读医愚"，确然是对语文教师专业阅读一种发人深省的阐释。她强调了态度与目的。强调教师要有苦读精神，要有提升自身修养的强烈愿望。如果语文教师能这样去读些专业性书籍，那么我们语文教学水平大幅度提高的梦想，一定不难实现。于老师所说的"中文专业书"，涉及文、史、哲三方面，谈得也很好。

（二）在"精读"上痛下苦功

"精读"是与泛读、速读、发散性阅读相对而言的。精读应是语文教师专业阅读的重中之重。于漪老师所说的"苦读"，包含这个意思，我想展开来强调一下。

我曾深以自己的阅读能力差为苦。别人能从一篇作品中读出非常丰富的理解，自己却不成。这是为什么？记得叶圣陶先生的一篇小文章，令我深受启发。这篇文章叫作《揣摩》，叶老并没讲多少道理，而是以《孔乙己》为例，具体"揣摩"这篇小说。我反复读这篇小文，体会叶老怎样一句句揣摩，读出了一般读者难以读出的、难以欣赏到的"妙味"，收获超乎一般的大。

《揣摩》一文体现的，就是叶老在多处所反复强调的"精读"。我从这篇《揣摩》，逐渐对怎样"精读"有了体会。在《归元返本　面向未来》这本书中，我做了总结，把怎样使精读取得显著收效的"发力点"，概括为三个层面十一个子项：

◎以词语确认为重点的整合、加工——以字词确认为发力点
　　☆词语概念意义和表达意义的理解
　　☆对词语语境义（在上下文中特定意义）的推敲
　　☆词语适用范围的辨析
◎以句、段确认为重点的整合、加工——以句段为发力点
　　☆以辨明句义及关键词为基础的思考
　　☆关注表达特点（包括标点符号）的思考
　　☆辨识句子在上下文中的意义及作用
　　☆对句、段（包括"层"）含义的概括与阐释
◎在较大范围里的整合、加工——超乎词句段范围的发力
　　☆按照或不按照篇章顺序筛选信息并进一步思考
　　☆多角度（景、物、人、事、情、理等）的思考
　　☆时代背景与作品相关性的思考
　　☆与相关作品进行比较所进行的思考

把这些"发力点"融于心，见于行，我前后大约花了十年之功，自己的阅读能力似乎终于突破了"瓶颈"，对一篇作品取得较深入的理解不再是很难的事情。

但这还不是我所说的"在'精读'上痛下苦功"的全部意思。我觉得教师的精读，还有以下问题不能忽略。

一是作为语文教师，要能把自己的精读所得，从教学实际出发加以处理。比如在多长时间内，让多数学生进行些怎样的思考，以及把这些思考要求以恰当的方式加以表述——或"问题化"地处理，组织些讨论；或择其要，进行启发式讲授。如果把依教学规律处理精读所得，也纳入教师阅读过程，那么语文教师专业阅读的特征，就更清晰。搞文学研究、语言研究的人也要有很强的精读能力，但一般不需要同时考虑怎样用好用活教学规律，比如筛选哪些"问题点"、怎么启发、怎么深入浅出、怎样温故知新、怎么形成必要的"激励"机制以促使学生举一反三，等等。

二是精读属于理解性阅读，与发散性阅读不同，但它是发散性阅读的基础。如果精读基础不足，对作者的意思理解不清，那就很难有什么有价值的"以意逆志"，也很难有什么有价值的"审辨"。把精读与发散性阅读结合起来，也是要下许多功夫的。

（三）教师的专业阅读，要和写作结合

以写促读，同样适用于教师。教师要能读（诵读，精读）也要能写，否则就与语文教师的专业职责不相称。要学生写，教师自己却写不了，那怎么行？我的体会是"到得会写始能读"——能写文章，在阅读上眼光会更敏锐。

能用书面文字凝定下来的阅读理解，会更准确，更站得住。把一份教案写得符合规范，不如独立完成一篇课文的文本分析更重

要。如果这篇文本分析能达到发表水平,就有高级教师的实力。

(四)精读、泛读和专题阅读相结合

一定要有下点苦功去"啃"的经典。"一'经'通,则群'经'皆通",这道理具有普遍性。于漪老师说她学生时代读列夫·托尔斯泰三大名著、巴尔扎克《人间喜剧》、雨果名著时"或感情激荡,或潇洒快意,或梦幻神游",这很重要。这距离"通""一'经'"便不远了。

语文教师读的"经",除可选古今中外所公认的"经",还可选叶圣陶、吕叔湘、张志公关于语文教学的一些重要论述。此外,不可轻看语文课本,语文课本里有许多禁得住下功夫的"经典"。大学中文系毕业,即使是优秀学生,在这上面未必真过得"硬"。

一段时间之内给自己定个专题,有个关注中心,有利于提高阅读效率。专题阅读,是一种读写结合的、精读泛读兼而有之的阅读。如果这样坚持下来,活到老,读到老,那么语文教师就一定能越当越感到充实。

泛读的范围要广。文、史、哲不分家,社会科学、自然科学都应有所涉猎。鲁迅很不赞成当时名家们给青年开必读书的流行做法,但他给许世瑛开了个必读书目,所开的基本属于泛读类的典籍。

语文教师,要勤于翻检工具书,除《新华字典》《现代汉语词典》之外,至少要熟悉《辞源》《辞海》,会查《康熙字典》。

以上是我对语文教师怎样进行专业阅读的理解和体会,不妥之处请批评指正。

2017年11月25日讲稿

五、教师阅读素养的研究

"教师阅读与基础教育"是个很有意义的话题。北师大语文教育研究所就此举办研讨会,让我很受启发。温儒敏先生谈到当下网络阅读、自媒体阅读带来的"冲击"发人深思。并非所有的"阅读"都有助于提高人们的阅读素养,这个问题很现实。王宁先生谈到文言阅读与汉语语感形成的关系,鞭辟入里,对文言阅读教学的改进有重要指导意义。巢宗祺先生谈了课题的严肃性和不同人阅读素养形成的不同倾向,也引起我很多思考。

我打算谈两个问题,一个与当下中学语文教师阅读素养的现状有关,一个是关于研究中学教师阅读素养问题的建议。

中学语文教师的阅读素养存在不少问题,有在教学中只依据"教参"照本宣科的,有生硬解读、简单说教的,也有不负责任东拉西扯的。这些问题都与素养不足有关,亟须克服。但对此若持以居高临下的轻蔑态度,则无助于问题的解决。从个人方面来说,"正人"先要"正己"。要使学生树立正确的价值观念,自己却未必能;要使学生在阅读中感悟到真善美,自己却有所背离。这应是问题的根本。但这类现象的出现,涉及的问题很多,倘若只把板子往中学教师身上打,就很不公道。

绝大多数中学语文教师，都是大学培养出来的。在座的大学老师很多。试问，大学在培养过程中有没有值得认真反思的问题？

比如大学中文系教学，涉及经典名篇，大多是引经据典，对古今中外的相关知识介绍得很多，这诚然有益，但教师个人置身于作品中的切实感悟、真知灼见，则相对少得多。这种教学，在解读文本能力的养成方面，启发性是否存在明显不足？这反映在中学阅读教学中，就是教师会介绍作家、背景以及相关评论，而若要求结合作品具体文句进行有启发性的点拨，就捉襟见肘，几乎没多少值得一说的东西。很长时期以来，这正是中学生对语文课不感兴趣的重要原因。一篇课文摆在面前，倘若离开中学生看得见、摸得着的那些具体文句，只是翻来覆去讲些离他们很远的作家作品知识，或者墨守成规，机械沿用分段分层的办法来分析文章，要让学生喜欢语文课，实在太难。就我个人而言，走出这种困境，大概用了十几年功夫。

我的这种经历大概可以说明，中学语文教师阅读素养不足的问题由来已久。记得叶圣陶先生谈文学时曾说，大多数人是一辈子读不通也写不通的。叶老的意思是极言读写之难。除少数人外，对大多数人来说，是件非痛下功夫不可的事。那种站在"云端"里指责中学教师的事情最好终止。中学教师阅读素养问题，需要大学、中学合力解决。比如王宁先生谈的语感问题，就为大学古典文学、古汉语教学与中学文言文教学，指明了一个有所改进的共同"发力点"。

温儒敏先生上午讲到阅读要"静心"，切中肯綮。讲若干条阅读方法，倘若讲得恰当，也会很有启发。但把太多的方法孤立起来就不行。太多，就脱离了普通读者阅读实际。人们的阅读范围十分广阔，不同人的阅读各有侧重。我觉得中学教师的阅读，既要有开阔的视野，也要把自己当成与学生差不多的一名普通读者。中学生并不简单，到了高中，捷才异能之士更多。上面说到，我之所以在阅读上花十几年工夫走出困境，就是始终深感自己未必比学生强。把自己当成一名普通读者来阅读，我个人的体会可以用八个字概括：心静意诚，入境则通。心静才能读书；心浮气躁，东翻西捡，读不出什么所以然。要心静，就得意诚。有不误人子弟的诚心，有把学生当作共同学习伙伴的诚意，教师就能孜孜以求地阅读。当你觉得自己比学生强很多很多的时候，其实不少学生早就不耐烦了，倘此时仍无自知之明，就很不妙。所谓入境，有两层意思。一指老师把自己放到与学生平等互动的情境中，此时无论水平高还是水平低的学生都会令你有所发现，这就是教学相长。有时学生在阅读中会提出些似乎离题万里的问题，其实细想想，未必没有可以弥补教师不足的因素。老师的提高，缺少不了学生的作用。二指进入作品语境。文学作品的语境很重要，非文学作品也并非没有"语境"。记得我退休前，有篇课文是吕叔湘先生的《语言的演变》，不少同志认为这不过是篇介绍语言知识的枯燥说明文，没得可讲。其实吕先生这篇文章也是有语境的，那就是汉语几千年语音、语义、词汇的发展变化，要进入这样的语境不大容易，但静下心来，把吕先生深入浅出的那些话好好消化消化，就不难发现吕先生的深邃之处，从而受到极大启发。又比如那时有邓小平同志《讲讲实事求是》一文，有的同志认为内容不过是些尽人皆知的话。但我曾问过不以为然的同志，是否发现这篇文章在对实事求是的论述上，有别人从来没有说过的话。被问者颇感愕然。文章说，当一件事不这样做就什么事情都做不成了，就得这样做，这就是实事求是（大意）。这么来谈实事求是，是否有其独到的深刻之处？如果我们心静意诚，不管对于文学作品还是非文学作品，大凡是位负责任的作者，都不乏可观之处。

要真正进入作品之中，起码是能把它复述一遍。这件事，非"心静"莫办。古人所谓"书读百遍，其义自见"，所谓使其言皆若出于己之口，其意皆若出于己之心，都是"入境"的不二法门。舍此并无捷径。否则，读什么作品，大都只能站在外面，进入不到里面去，偶有"感悟"也常会抵牾难通，或者机械重复些别人的评价。当然，并不是说语文教师不准介绍别人的评论，但若自己总是读不出什么真切的感悟，那就与教育教学的实际需要存在很大距离。

要使语文教师不断提升阅读素养，校长的作用也很大。学者型的校长，对教师提高阅读素养有"身教"的作用。校长要生活在教师之中、学生之中。校长不应是只凭一堆毫无生命力的"数据"对教师实施管理的陌生人，而应是教师的良师益友。我刚参加工作的时候，四中主管教学的俞校长，为人寡言，但深受大家尊敬。他认真听每位教师的课，坚持正面引导，从不随便指手画脚。他与四中多位老教师反复切磋，总结各科教学的经验，拟定出四中教学十大原则——循序渐进，举一反三，深入浅出，直观形象，文以载道，温故知新，循循善诱，有的放矢，因材施教，教学相长——这些看似"老话"，但却是从群众中来、到群众中去的经验总结，每一条都有丰富的教学实践支撑，这就有巨大的生命力。其拟定过程，就是营造孜孜不倦、读书向上的优良风气的过程，对那一代四中教师提升阅读素养帮助很大。

办好一所学校的关键在于校长和教师，这是毛泽东同志的至理名言，永远不会过时。教师阅读素养问题与大学教育有关，与校长有关，这是不应被忽略的。但是，像北师大语文教育研究所这样，打算把教师阅读素养专作为一个课题来研究，也非常必要。

上午巢先生谈到课题研究问题，我想进一步从课题研究上谈谈我对"教师阅读素养"的一些想法，这是我谈的第二个问题。

教师阅读素养是个大命题。语文教师的阅读素养，是个小一点的命题。但既是课题研究，我想最好对研究范围进一步有所限定，这样可能对推动基础教育发展起的作用更大。我觉得不妨把"青年语文教师的阅读素养"作为研究重点（为行文方便，下文所说的"阅读素养"即"青年语文教师的阅读素养"）。

关于这个问题的研究，我想是否可包含以下内容。

首先是关于阅读素养结构的初步研究。我们可通过文献研究、问卷调查、专家座谈等方式，对什么是阅读素养做出初步的理论描述。对这种阅读素养的构成，我个人意见是，可含四个维度，即诵读、泛览、精思、表达。

我比较倾向于用"诵读"这个提法，而不用"朗诵"。诵读可以包括朗诵，但朗诵对先天条件要求较高，不一定适用于每个人，诵读则适用于每一个人。诵读既适合文言文也适合现代文。诵读可反映语感水平，也可反映准确认知能力和进入作品语境的程度。出声音的诵读是阅读素养的重要基础。诵读能力强，默读能力也必是好的。

泛览，既指阅读的范围广，也可包括浏览速度。如果在某些方面读的作品多，那么这方面的知识基础就会好一些，筛选信息的能力就会强一些。语文教师应当有广泛的阅读兴趣，古今中外，各类文学作品以及历史地理、哲学数理等其他文化著作，都应有所涉猎。各类工具书，包括一些重要的文集、年表、类书，都应翻翻。

精思，指精读思考，亦即对作品深入解读的能力。它的要求是，除了准确把握文句的一般语境义，还需善于从某些局部入手，有所发现；并继之以相关信息的筛选、梳理、整合，继之以恰当的比较、推断与评价。倘若不能"心静"，就不可能在较长时间对某些局部形成"稳定注意"，也就无从完成深度阅读与审美评价。

表达，主要指写文章。阅读是吸纳信息，表达是输出信息，但二者关系紧密。我认为"到得会'写'始能'读'"，可能是普遍规律。倘若没有若干篇作品"烂熟于胸"，当然不可能具备较强的写作能力；而一旦具备较强的写作能力，又必然会在阅读中更敏锐，更善于在人家"何以这样说"中获得更丰富的启示。

阅读素养的结构，是否适合用这四个维度来描述，还需要论证，这里不过是抛砖引玉而已。

但这一步研究很重要。我们只有对阅读素养的结构形成初步认定，才可能对各维度上划分等级的诸要素做出进一步描述。有了这样的认定和描述，就可以对"阅读素养"做进一步的实证研究。

对于阅读素养，我认为很需要进行实证研究，这一步至关重要。

谁都可以就阅读素养问题发表很多见解，比如我说的"四个维度"，便也是一种见解。但怎样证明实际状况确是如此呢？倘没有必要的实证研究，就很难说事实果真如此。也就是说，倘若我们仅仅停留在何谓阅读素养的讨论上，那么对基础教育工作进一步改进的实际作用就会很有限。

假设我们以300—500名25—35岁的语文教师为样本，根据各个维度上划分等级的诸要素来进行测量，并把测量所得与他们教学实际的状况进行比对，倘若最后统计结果证明，相关参数与他们实际的教学质量高度吻合，那我们就可初步认定，我们对阅读素养的理论描述是符合实际的，否则我们就要对理论描述再做完善，甚至大幅度修改。

这个实证研究的过程十分复杂，上面只是大略概述。果真开展这样的实证研究，工作量会非常非常大，在很多环节上，比如300—500名教师怎样选定，这个数量是否足够，各个维度上怎样确定划分等级的要素，统计测量要用怎样的具体方法，怎样与教学实际状况进行比对等，都还须全面、审慎地多次论证。

尽管实证研究很艰苦，但倘若没有具有科学意义的实证，我们又怎么走出泛泛而谈的尴尬境地呢？只是泛泛而谈，再谈二十年，对基础教育的实际工作也很难取得"质"的突破。倘若我们的课题研究，能够证明在实际工作中教师的阅读素养是怎样的，能说清楚高一点的是怎样的，低一点的是怎样的，那我们的研究成果，必能产生很大的积极作用。

教师阅读素养的构成是动态的。五十年前的阅读素养与今天的肯定差别很大，二十年后与今天也会有所不同。倘若从实际出发，对阅读素养的结构要素，做出与实际高度吻合的研究论证，这一研究过程必有十分重大的意义。因为这将预示着我们有可能对今后语文教师不断提升水平提出比较科学的动态"量表"。对于国外类似问题的研究应当有所借鉴，但汉语阅读有极大特殊性，最重要的还应是我们自己的实证研究。

在教师培养和教师继续教育方面，过去我们只有"学历"教育，后来引进的东西多一点了，但怎样确保教师质量的提高？怎样解决教师资源分配不均衡的问题？倘若能有比较科学的、关于阅读素养的动态"量表"，那么这一切工作都可能获得进一步的"质"的改进。

2017年4月29日

六、读懂顾炎武　增强文化自信

——《顾炎武文》导读

顾炎武（1613—1682）是传统文化的优秀代表，这本《顾炎武文》①很值得读。

一

顾炎武在文化上的重要地位，即使在"大批判"横扫一切的年代也未曾撼动。但遗憾的是，对这位伟大学者一般所知尚少。许多书选有他的作品，却只鳞片爪，很难充分反映其价值。他的文集，又缺少注释，不免令人却步。而这本《顾炎武文》虽是九十年前的选本，在某种意义上却可填补"读懂顾炎武"的"空白"。

这本书总共不过七十来个文篇，且短文居多，但能全面反映顾炎武生活的各方面，凸显他人格的崇峻与文化上的巨大成就，不仅让人为其高风亮节所感动，为其渊博学识所倾倒，还可让人打开全面了解传统文化的诸多窗口。

书中选了《日知录》28条（篇），这很不寻常。读顾炎武，不可不读《日知录》，因为他"平生之志与业，皆在其中"（《与友人论门人书》）。可是《日知录》1031条，难度太大，而这28篇，

---

①《顾炎武文》是商务印书馆"学生国学丛书新编"里的一本。

字数上虽仅接近全书十分之一，却已可窥豹一斑。我们可具体了解他在"足迹半天下""穷约以老"的艰辛旅途中对中华民族必有光明未来的坚定信念与深邃思考（引文见潘耒《〈日知录〉序》）。本书选读28篇，可能是九十年来没其他人做过的尝试。唐敬杲先生的编选，本于梁启超的研究成果（20世纪20年代初梁先生授课讲义《中国近三百年学术史》）。故本书校订，对这28篇的解读格外花了力气，以期不负前辈苦心。

这本书，对我们增强文化自信非常有益。但读这本书，并不太容易。谨提三点建议供参考。

1. 不要像有时读文章那样，在写法、文体、古汉语等"知识点"上多所纠缠，而要锁定于读懂顾炎武其人、其基本思想的目标。

2. 细读原《叙》（同序）。原《叙》对顾炎武家世、生平、著作、思想等介绍颇详，有一定参考价值，可帮助降低该书的阅读难度。

3. 读"散文选读"，可借助各篇注释，明白大意，但一定要多用点功夫，感知顾炎武其人。读"《日知录》选读"，可借助提示、概释、注释，进一步理解、学习顾炎武的"志与业"。

二

读懂其人、其思想，均须明白文篇大意，但更要下"诵念+参读"的功夫，这是阅读的基本功。也就是说，不斤斤于语句翻译，而要反复诵念，对某些语句形成较强的语感、记忆，充实自己的"内存"；还要拿相关几篇的某些内容相互印证、补充。这样，可不断增加"内存"，使"激活"的诱因不期而至，从而心知其意，有所融汇。

比如读《先妣王硕人行状》。

作者并非王氏所生,而由王氏抚养成人。特别是国破家亡之际,王氏"为国不为己",绝食15日自尽,其凛然大义,更是作者终生念兹在兹的楷模。"天下兴亡,匹夫有责"昭示的"为天下不为己"的精神,与之相通。普通人均能践行大义,这一点为顾炎武所特别看重,《拽梯郎君祠记》颂扬的便是这种精神。两篇文章,一写母亲,一写姓名无可考的民兵,而立意相通——这也是一种"参读"。

读《先妣王硕人行状》会遇到许多不明白的地方,但若"诵念+参读",效果会很不一样。例如:

> 忽焉二载,日月有时。念二年来,诸父昆弟之死焉者,姻戚朋友之死焉者,长于我而死焉者,少于我而死焉者,不可胜数也;不孝而死,是终无葬日也。翓又独子。此不孝所以踟蹰二年,而遂欲苟且以葬者也。

若盯住"日月有时"翻译,那么译作"日月运行有一定时间",能应付过去,可这不等于废话吗?日月运行有定时,还用说吗?但若反复诵念便不难发现,"日月有时"与"终无葬日"不可分割。这一来,就会感到这段话很传神。传的什么"神"呢?倘把《从叔穆庵府君行状》《吴同初行状》中的一些记述加以整合,又会发现,"戎马内入,邑居残破,昔日酣酒赋诗之地,俄为刍牧之场矣""当抗敌时,守城不出以死,死者四万人,莫知尸处",都是两年前亡国破家的实况,也正是王氏自尽的背景。而"诸父昆弟之死焉者,姻戚朋友之死焉者,长于我而死焉者,少于我而死焉者,不可胜数"则是惨绝人寰的凶险处境不断持续。如再扩大范围,比如参读《哭杨主事》《哭顾推官》《哭陈太仆》(《顾亭林诗笺释》,中华书局1998年版),再来诵念"忽焉二载"这段,相信对作者不得不"苟且以葬"时的悲痛、焦虑、愤怒、无奈等复杂心境,便会感悟更深。

作者以"苟且"自责,而全文记述分明一丝不苟。平实的追思中,实无处不充溢着深沉的家国之痛啊。真是人子情重,奈家国何!倘若"有所融汇"至此,那么对作者终生特立独行中那坚毅的志向与崇高的使命感,便触手可及了。

以上,大致谈了何谓"诵念+参读"。这种功夫,很难一蹴而就,但坚持做,阅读水平就会日新月异。

阅读本书可把篇目分若干组来下功夫。例如"散文阅读"可先确定题目,如"作者与他的弟子潘耒""作者与徐氏三甥""作者与关中二李"等,然后分别确定几个篇目为一组,反复诵念、适当参读,再把感悟写成读书笔记。当然还可自行确定其他题目、篇目。

三

读《日知录》,要对顾炎武的"志与业"有所了解。

原《叙》里说顾炎武的"博瞻而能通贯"远超明代学者,说他特别重视实地考察,这都说明,顾炎武的志业与一般学者很不同。而从他的《与友人论学书》可知,他的"博学于文""行己有耻",是主张对关乎"一身以至于天下国家之事"弄清所以然,并突出强调严于律己,"不耻恶衣恶食,而耻匹夫匹妇不被其泽",这反映了志业统一、知行合一的观点。在他《初刻〈日知录〉自序》里可进一步看到志业结合的表述。"明学术,正人心,拨乱世以兴太平",既明其志,也明其业。为此,他进一步表明,"昔日之得"不自矜,"后日之成"不自限,他要"日知"不辍,死而后已。

顾炎武做人与治学高度统一,所以《日知录》在"弄清所以然"上的实事求是、辩证思考达到极高造诣。倘若不实事求是,不辩证思考,肯定不能解决好任何问题。但实事求是、辩证思考并非纯方法问题,而是做人与治学的境界与水平的综合体现。《日知录》正是在这方面成为一座罕有其匹的文化高峰,给我们留下无尽宝藏。

下面就怎样读本书28篇谈些浅见。

1. 初读,可注意"故事"。顾炎武反对空谈,每言必紧密联系事实。28篇中故事极多。如《水利》《廉耻》《俭约》《大臣》《赌博》《酒禁》等篇均有很多生动故事,如能讲出一些,就很不错。如能讲好,便会对作者的实事求是与辩证思考有所领悟。

2. 《日知录》能"启多闻于来学"(《与杨雪臣》),在于顾炎武对丰富史料与复杂事实善于确切把握,点透精要。我们可自选某篇,把自己得到的启示写成读后感。启示可能多种多样。例如,何谓"周末"?"史文阙轶",说不清。而《周末风俗》中作者对"周末"纷繁事实的简赅表述,至今仍被史家奉为圭臬,这就很值得深思。又如,交通是国家大事,《街道》一文虽短,但简明全面,高屋建瓴,如认真消化,则一部"交通概论"的轮廓或能隐现胸中。再如《除贪》,倘据以写几则《除贪史话》,相信也不无意义。《日知录》开启的"窗口"蕴含着丰富的内容,我们可自选几篇,分别写些不拘一格、灵活多样的读后感。

3. 《日知录》唯实,唯真,融会贯通,臻于化境。我们在某一点上若有某种触发,可反复深思,或可写出较长的专论。例如《宋世风俗》以陆游的"倘筑太平基,请自厚俗始"结尾。而"风俗

（风气）"果真如此重要吗？把风气视为国家盛衰、天下兴亡的前提，不是过甚其词吗？但若与《周末风俗》《两汉风俗》《正始》等篇"参读"，琢磨一下千年历史上给老百姓造成长期灾难的大动乱，再想想作者对东汉初年扭转风气何以高度肯定，对魏晋"清谈"何以严厉谴责，以及宋代官员们究竟出了什么问题，那么对这"太平基"定会觉得重逾千钧。否则"拽梯郎君"那样的人怎会少之又少呢？至于风气究竟怎么才能搞好？《人聚》一文透过历史与现实，从唯物辩证的结合上点出解决的根本之道，尤令人不能不为之动容。经过这样思考，就可能以"试谈'太平基'"为题写篇专论。相信28篇足够写多篇专论。

4. 具体问题具体分析、充满辩证思考，又紧密联系实际问题的解决，是《日知录》突出特点。如东汉刘秀，作者最为肯定，但仍指出"未纯乎道"，且在《两汉风俗》中指出该怎么做（参见该文注释）。再如《名教》谈"以名为治"的必要与局限；《法制》谈"法制禁令"必不可少，"然非所以为治"；《贵廉》谈汉武帝重大失策，联系明末"官商一体"进行反思；《除贪》则对"五代"乱世的李亶丝毫不吝称赞，而指明除贪的重点、难点等，无不以辩证智慧启迪后人。若以"辩证的智慧"为总题，整理自己阅读的点滴体会，也很有益。

顾炎武堪称百世师。这本《顾炎武文》一定能让我们对于宝贵的传统文化获得许多前所未有的重要认知，增强文化自信。

2021年6月

七、"亭林诗"导读

顾炎武，人称"亭林先生"，明清之际承前启后的学者、思想家，也是杰出诗人。他年轻即负诗名，但晚年自编诗集时把33岁以前（即明朝灭亡前）的诗作全都舍弃，可见他对这自编诗集的看重。"亭林诗"，即指其自编诗集收录的这些诗。这些诗内蕴深厚，沉郁感人，无异于形象生动的优秀传统文化教科书。

若引导学生读这些诗，不一定像一般诗作那样一首一首去解读。这里尝试以多种导读方式，使学生大致读懂顾炎武其人，有兴趣者可进一步自读。

一、坚守底线真男儿
—— "唯有袁安雪"的砥砺

坚守，是人格修养的起点。《吴兴行赠归高士祚明》一诗，表现了志行高洁者的坚守，令人感动。

归高士即归庄，明亡后改名祚明。亭林与归庄都是昆山秀才中的佼佼者，个性很强，人称"归奇顾怪"。两人志气相投，"入则读书作文，出则登山临水，间以觞咏，弥日竟夕"（《顾亭林诗文集》162页）。而在1647年冬，归庄去吴兴寻觅胞兄骸骨，归来后异常苦闷，亭林便写了这首赠诗。

全诗44句，宛若朋友叙话，述说行止，化解纠结，知己之情满满。亭林的关心、慰勉，都是对挚友的馈赠，而最重要的"赠言"则在篇末：

穷冬积阴天地闭，知君唯有袁安雪。

卒章显志，力透纸背，文章家谓之"豹尾"。这两句诗便是这首长篇歌行的"豹尾"。诗人娓娓而谈，赞美孝行，不忘初心，时如和风细雨，时又顿挫抑扬。到结尾，陡转急收，戛然而止，如晨钟暮鼓，余韵悠长。归庄自是深会其意，但今天我们来读，还需做些解说。

（一）关于"袁安"故事

先说"袁安雪"。这是袁安入仕前的故事。《后汉书·袁安传》注：洛阳大雪，积地丈余。洛阳令出巡，见人皆除雪出户，多乞食者。至一户大雪封门，无行路，谓人死户中。及除雪入，见袁安僵卧。问何以不出。袁答："大雪，人皆饿，不宜干人。"洛阳令以为贤，举为孝廉。"干（gān）人"，就是求人。宁可自己冻僵，不愿麻烦冻馁者，这种推己及人，甚至不惜一死的"底线"坚守，无疑该大大点赞。

再说袁安。《袁安传》载，袁安品德高，先在县里当"功曹"（类似"人事干事"），一次接通知去"地委"办事，事办完，主管者让他给县长带封信回去。他说：若是公事，自有"邮驿"行文；若是私事，这信他不能接。主管"懼然而止"。后来，袁安升为县令，"所在吏人畏而爱之"。

几年后，楚地某人谋反，牵连几千人。汉明帝怒，官员严刑追逼，死者甚众。有关方面举荐袁安任楚郡太守去"平事"。袁安不入太守府，直接去审案。凡无真凭实据的，袁安一一向上写报告，主张放人。楚地官员叩头力争，说万万不可，会沾上谋反嫌疑。袁安说："如有不合，太守自当之，与诸位无关。"报告打上去，明帝"感悟"，四百多家无罪释放。

明帝死后，袁安"位列三公"，在重大问题上每有独到见解，不止一次与"外戚重臣"尖锐抗争，几遭不测。但后来事实证明，袁安真正维护了国家利益。

（二）这两句诗的丰富意味

这两句与前面结合得非常紧密。开篇"北风十二月，游子向吴兴"，点出时在"穷冬"（即深冬）。接着说游子"不言泪沾膺""湖中雪满十二峰，江山对君凝愁容"，这些诗句与结尾的关联是很容易体会到的。不容易一下子看明白的，是诗中对时局、形势的暗写。

"君向余太息，此事不足言"，是归庄说他去吴兴找回胞兄遗骨的种种苦辛"不足言"，都不是他苦闷的主因。接着"遥望天寿山，犹在浮云间。长叹未及往，尘沙没中原。神州已陆沉，菽水难为计。岂无季孙粟，义不当人惠"，是转述归庄的话，这才是他"太息"的主因。"天寿山"是昌平"十三陵"所在地，归庄长叹，是感到反清复明遥遥无期，而靠"季孙"（春秋时鲁国的权贵，代指当地豪门）施舍来解决"菽水难为计"（指无钱奉母），又是他绝不可接受的。接下去，是亭林对归庄的勉慰："世无汉高帝，饿杀韩王孙……时人未识男儿面，如君安得长贫贱。读书万卷佐帝王，传檄一纸定四方。祭扫十八陵，还归奉高堂。"勉慰的大意是劝归庄不必灰心，不光十三陵、西山景陵、南京孝陵及太子陵，还有凤阳朱元璋父、祖两陵，这十八陵都可前往祭扫。这其中暗写了时局、形势。归庄身处其境，很容易心领神会。但对我们来说，却是阅读的难点。

"世无汉高帝，饿杀韩王孙"，是用刘邦结束秦末乱局来点明为什么时下的反清复明屡败。该诗写于1647年冬天。1645年夏季以来，归庄、顾亭林两人投身抗清斗争，最惨烈的是第三次，即1647年春"策反"松江提督吴胜兆。因事机不密，功败垂成。归庄、顾亭林参与谋划，为之积极奔走，但结局令人哭之无泪。他们最尊敬的长辈，江南最具影响的一批精英，几乎被一网打尽。亭林刚刚写过《哭顾推官》一诗，对"父子兄弟间，五人死相继"的顾咸正满门遇难，悲愤莫名。诗中指出"主帅非其人，大事复不济"，这与"世无汉高帝，饿杀韩王孙"是同一个意思。与亭林无话不谈的归庄，对亭林这一观点无疑是非常清楚的。

那么，时局既然艰危如此，怎么办？亭林在结句里的"唯有"二字，态度非常明确。时人未识男儿面，就由他未识吧。既然世无汉高帝，那么饿杀韩信也是无奈的事。真男儿读书万卷，定位在一个"佐"字，终极目标是"定四方"而非"乱四方"。作为读书人，既无可"佐"，那就"唯有"像雪中僵卧的袁安那样。袁安是能"传檄一纸定四方"的人，但在大雪中冻僵的时候，在拒绝给"主管"办私事的时候，在认定该释放无辜者的时候，在与外戚重臣持不同政见而几遭不测的时候，他想了些什么？他肯定是把坚守人格底线放在第一位啊。这方是好男儿、真本色。这样的人就是知己。时人识与不识，无关！

归庄对此，无疑深以为然。他终其一生坚守这条底线。亭林也始终坚守这条底线。他晚年说自己"五岳游其四矣""天犹梦梦,世尚滔滔,吾犹大夫,未见君子"(见全祖望《亭林先生神道表》)。大夫,即屈原。亭林终其一生未见到可"佐"之人,但坚守人格底线不改,终成为我国十七世纪承前启后的一代大思想家。

袁安身上有传统文化的许多优秀基因,可算真男儿。但现在知道他的人很少,大概是因为子孙不肖。熟悉《三国演义》的都知道被曹操剿灭的袁绍、袁术,十分低能。很遗憾,二袁是袁安五世嫡孙。

二、启人反思留镜鉴
——"真遘杞天崩"的内涵

《列子》上说,杞国有人"忧天地崩坠,身无所寄",由此就有了"杞人忧天"的成语。亭林1644年《大行哀诗》中的"真遘杞天崩"化用了这个成语。遘(gòu),遭逢。这句的意思是:天崩地坠,身无所寄,本该是"杞忧",却成真了,也就是天下真已大乱,神州即将陆沉。

我国历史上出现过好几次"天下大乱",亭林赶上的这次离我们最近。亭林诗,或直接或间接,大多与此有关。

近闻地质学者研究6000万年前希克苏鲁伯陨石(小行星)撞击地球一事,从卡在鱼鳃里的颗粒见证出当年那场天崩地坠的生成轨迹。读亭林诗,则不难从中看出300多年前那场大乱生成的轨迹。亭林身处大乱之中,有切肤之痛,他的观察感受极有价值。

《大行哀诗》为崇祯之死而写,值得关注的是其中六句:

> 世值颓风运,人多比德朋。
>
> 求官逢硕鼠,驭将失饥鹰。

> 细柳年年急，萑苻岁岁增。

这六句形象勾勒，可看作神州陆沉的"总纲"。

"比德朋"即阿比（亲附）之德、小人之朋。李自成谈到崇祯时说"君非甚暗……臣尽行私，比周而公忠绝少"。"比周"与"阿比"意思差不多。都是说晚明官场风气恶劣。

"细柳"，细柳营，西汉防备边患屯兵的地方。萑苻（huánfú），地名，典出《左传》，喻农民起义。

这六句诗含三层意思。①风气是乱源，官场风气败坏，团伙林立，就一切全不行了。②官是贪官"硕鼠"，将领则不想打仗，不是肯逮兔子的"饥鹰"。③外敌入侵和农民起义，一年比一年严重。这三个意思都不新鲜，但把"颓风"置于首位，按这样的顺序述说，却值得深思。

但仅仅意识到这些问题的严重性还不行。亭林的《千官之二》写道："一旦传烽到法宫，罢朝辞庙何匆匆？御衣即有丹书字，不是当年嵇侍中。""传烽"指李自成入北京的警报。"御衣丹书"，指崇祯自缢前在衣襟上写"朕薄德……然皆诸臣之误朕也"。"不是当年"句，用晋惠帝典故，很有分量。"何不食肉糜"是晋惠帝的"符号"，大臣汇报百姓没粮食吃，他却说怎么不去吃肉羹，无知得可笑。不过亭林这里用的是他临死时的故事。晋惠帝死于"八王之乱"，死时群臣皆已逃散，只有嵇侍中（嵇康的儿子嵇绍）一人在身边。这句紧承"诸臣误朕"的意思，亭林推测"朕"内心凄凉：埋怨大臣里竟连一个像嵇绍那样的人都没有。晋惠帝死后北方大乱，十年后司马氏南迁，是为东晋。这个典故用得很贴切。崇祯死时，大臣都迎李自成去了，身边一个都不剩。崇祯是"勤政"的，但用人极度失败，即使他意识到上面所说的那些问题，也是束手无策，岂有不亡之理！

崇祯死后，入主北京的清朝皇帝顺治即位时，还不到10岁。与此同时，福王朱由崧在南京建立"南明"弘光朝廷。此时明朝在全国的军队数量要远超清军。应当说，神州陆沉的厄运并非不存在刹车的可能。

此刻顾炎武32岁，以昆山县秀才的身份，被县令举荐，到"南明"兵部（国防部）任科员。他很关注"福王"行不行。他在《千官之一》里写道："千官白服皆臣子，孰似苏生北海边？"对福王给崇祯戴孝登基时身边是些什么人表示担忧。"苏生"，指苏武那样的忠贞之士。怀着这种担心，亭林来南京赴职，那是1645年春天。

对神州陆沉有无刹车的可能，他在不断思考。《感事之二》"素缟称先帝，春秋大复仇"，用《春秋公羊传》典故，以齐襄公为祖先报仇灭掉"纪国"来形容福王登基的势头。《感事之三》"上宰承王命，专征指大江"，写史可法居阁臣之首（上宰），登坛拜将，似乎可令人鼓舞。

但是，亭林更多的是忧心忡忡。

《感事之六》说："传闻阿骨打，今已入燕山……边军严不发，驿使去空还。"阿骨打，金太祖名，这里用女真祖先的名字代指"顺治"。后两句是对弘光朝廷的质疑：该发兵而不发，派去"和谈"的使节空跑一趟，这怎么行？

《感事之七》说："听律音非古，焚旗火乍红。恐闻刘展乱，父老泣江东。"记述了刚发生在身边的一场祸乱：史可法标下总兵于某，率部驻镇江，借故在镇江西门外淫掠烧杀，焚毁了几百家民居。史可法在扬州"督师"，而手下的部队竟如此可恶，怎不令人担忧？诗人不忍直说史可法部将，而用典代指。唐肃宗的部队，以讨伐"刘展之乱"为借口，杀掉数千商旅，大掠百姓十余日。于某这场祸乱，让诗人似在战鼓砰砰的音律中听到了不祥。

更让诗人失望的是朱由崧本人。《金陵杂诗之三》说："水衡存物力，司隶识旧章。父老多垂涕，还思祖德长。"《之四》说："中使频传敕，台臣早进规。"前一首"水衡"四句，说弘光库房本应存恤物力财力，却令百姓大失所望；后一首"中使"两句，指福王内臣一次次传下选妃诏书，而台臣多次进谏，朱由崧全不理会。台臣，指负责进谏的御史。这件事令炎武十分愤怒，五年后还在《桃叶歌》中怒斥："越州女子颜如花，中官采取来天家，可怜马上弹琵琶。三月桃花四月叶，已报北兵屯六合。"清军已屯兵江北，朱由崧还一个劲儿忙着选妃。

读读这些诗句，大概对"世值颓风运，人多比德朋"的感受就更加具体，对"神州陆沉"在怎样的轨道上提速，就看得更清楚。

诗中所写的，大都是亭林赴职南京的所见所闻，这使他感到厄运肯定还会加剧。果然，就在当年夏天，"昨日战江口，今日战山边"，无情的战火席卷江南。人民死伤无算，"一朝长平败，伏尸遍冈峦"；江南女子被掳无数，"北去三百舸，舸舸好红颜"（均见《秋山》）。亭林的家人、亲友也并遭荼毒。这与天地崩坠何异！

前面引的这些诗句，似乎也可当一般故事听：谁白跑了趟腿，谁的部下干了坏事，谁热衷于选妃，谁的什么建议不被采纳，可能连"鱼鳃"里的一个小颗粒都不算。但在顾炎武这位非同寻常的"史家"眼里，这些颗粒分明就是一场天崩地坠的见证！他的诗，心忧家国，以具体事件表现历史的走向，既是陶冶家国情怀的诗章，也是启人反思的镜子。

三、剑气纵横足千古
——"夜舞"者斗志益坚

"夜舞"的典故出自《晋书·祖逖传》。祖逖、刘琨年轻时同寝，中夜闻"荒鸡鸣"，逖蹴（踢）琨曰："此非恶声也。"因起舞剑。这便是"闻鸡起舞"故事。"荒鸡"鸣非其时，离天亮还早得很呢，一般人可能讨厌它，而有强烈家国情怀的精英，则认为"非恶声"，反以之励志。鲁迅《亥年残秋偶作》"悚听荒鸡遍阒寂"即用这个意象表达苦斗益坚之志。

亭林诗中不止一次用过"荒鸡"的意象。《赠顾推官咸正》中写道：

> 有怀托桑榆，焉得岩下栖。
> 便蹴刘司空，夜舞愁荒鸡。

"桑榆"，喻迟暮之年。"刘司空"即刘琨。前两句实写，说顾咸正本可在家养老，但不甘心；后两句虚写，用闻荒鸡而起舞的形象，表达对愁绪满怀仍奋斗不息的顾咸正的敬佩。"夜舞愁荒鸡"，凸显了一幅沉郁而富有冲击力的画面。舞者满怀愁思，剑气纵横，似要划破夜色，而荒鸡的鸣叫又分明告诉人们，夜气如磐，剑锋仍需磨砺！

过去诗评家常说，某句诗可做多少层读。"夜舞愁荒鸡"便是这样。

舞剑者是谁？是顾咸正，但也可涵盖更多心系家国的精英。这句接下去"却望殽潼间，山高别马嘶""会须洗中原，指顾安黔黎（黔黎，百姓）"，便不仅是顾咸正一人的心志。

顾咸正是亭林的长辈，明末进士，延安府"推官"（相当于"区政法委书记"）。《明季南略》说他曾"招降"千余造反的饥民。第二年崇祯自缢，吴三桂追击李自成，混战于陕西，顾咸正便化妆成道士，间关千里，回到故乡昆山。而清军已渡长江，咸正的弟弟、亭林的家人都惨遭毒手。一年多来，咸正与亭林过从甚密。这首"赠诗"，既表达亭林对咸正的尊敬，也表达了自己"有志一同"的强烈情感。

"夜舞愁荒鸡"的画面，具有很大张力。如果还原一下当时背景，我们还会看到更多精英人物拼搏的身影。

1647年，亭林有"一赠三哭"之作，除这首赠诗，还有《哭杨主事》《哭顾推官》《哭陈太仆》，都是五言长诗。诗中杨、顾、陈个性鲜明，栩栩如生。翔实的内容，生动的细节，能启人诸多"追问"。"一赠三哭"是"南明"精英与清廷拼搏的史诗，留下了许多极其珍贵的画面。

当时背景大致如下：1645年5月，朱由崧降，清军大举南攻，先在嘉定、昆山、江阴等地大肆屠杀，接着一面下"剃发令"镇压不服者，一面举行会试、殿试，笼络汉族知识分子。对原来的明朝将领则诱降、分化。福王降清后，唐王朱聿键在福州"登基"，而拥立唐王的郑芝龙（郑成功之父）很快便被策反。唐王欲与江西、湖南十几万反清力量合兵一处，受郑阻挠，不久郑芝龙遇害。而杨、顾、陈（包括亭林、归庄等）则是追随唐王，在江南开展军事斗争的骨干。

1647年他们奋力一击，"策反"了刚刚降清的明将吴胜兆。吴胜兆是"松江提督"，决心"反正"后，与舟山守将黄某约定4月中旬举事。陈太仆（陈子龙）为此联络南明鲁王部将张明振，届时率水师入长江，支援吴胜兆。但舟山泄密，而14日长江口飓风大作，张船尽覆。于是吴胜兆两名部将立即反水，杀掉吴胜兆亲信二十余人，把吴胜兆押送南京。在总督洪承畴严讯之下，杨、顾、陈等均被供出，并先后落网殉难。"三哭"便写于此时。

杨主事名廷枢，是江南儒生中的"宗匠"。《哭杨主事》中"鱼丽笠泽兵，乌合松陵将"，写他在策反吴胜兆之前的两次斗争，"乌合"意谓过于仓促。《哭顾推官》详写了彼此的交往、共识，危急关头的对话，及其"一门五人"的遇难。"君才本恢弘，阔略人事细"，则写其才高而不拘小节。《哭陈太仆》写陈子龙才华过人，行事果决。而"事急始见求"八句，知己之情如画。三首哀辞的写作各有侧重，三人行止各异，而均慷慨赴死，义无反顾，突出了他们的高尚人格，也流露出作者对其"剑法"不无疏漏的遗憾，是真正知己者的"哀辞"。

洪承畴最恨杨廷枢，故廷枢虽绝食五日，仍被以残忍手段杀害。才略"恢弘"的顾咸正最令洪承畴忌惮，故押到南京示众，而咸正"辞色"凛然，敌人占不到半分便宜。诗中这些描写均令人震撼。陈子龙在被捕后跃入水中自尽，据说当时一卒持之，共入水，浮沉半顷，起之，俱死。

1647年这场惨烈斗争失败，清政府在江南的统治得以巩固。此后江南反清活动日趋式微。

三人中，陈子龙与亭林年龄相近。《哭陈太仆》篇末的"尚愧虞卿心，负此一凄恻"含意很多。"虞卿"，战国时赵人，为救助友人，弃卿相之位，后困于大梁，著《虞氏春秋》。司马迁说："虞卿非穷愁，亦不能著书自见于后世。"（《史记·虞卿列传》）亭林以虞卿自喻，责备自己未能助友人逃脱，也表示此番巨痛终生不忘。而学虞卿"著书",又何尝不是亭林闻荒鸡而继续舞剑啊!

十年后,亭林在江南难以容身,决意北游。他在诗中又一次用了"荒鸡"这个意象。他说:"绝塞飘零苦著书""荒鸡犹唱二更余"(《与江南诸子别》)。亭林好友黄师正酬答道:"山经水志关王略,岂为穷愁始著书?"朋友们知道,亭林"著书"与虞卿是不同的。

"绝塞飘零",指在山海关一带考查时的艰苦,"穷边二载,藜藿(野菜)为飧"(《顾亭林诗文集》205页)。亭林为什么自苦如此?因为他要弄清,清军到底是怎么把仗打赢的。他沿着皇太极、多尔衮当年几次进军路线实地考察,写了多种地理专著。在这过程中他发现,真正的忠臣义士,常不是什么"贵介之子"(官二代、富二代)、"弦诵之士"(学校里出来的),而是来自下层的"民兵"。1629年,皇太极迂回作战,打算从背后攻山海关。一路上势如破竹,却在昌黎受阻六日,不得不撤走。而昌黎固守的最大功臣,是"民兵死者三十六人"(《顾亭林诗文集》104页《拽梯郎君祠记》)。

即使在"荒鸡犹唱"之时,亭林仍著书不辍。他对国之精英的思考在深化,对怎样的"剑法"最犀利,也不断有新的发现。

四、"公器"为公开太平
——从"几欲拟张衡"谈起

1645年春,亭林被举荐到南京任"兵部司务",以五言长律《京阙篇》表达重振明室的渴望,其中最值得关注的是篇末四句:

对策年犹少，尊王志独诚。

　　小臣摇彩笔，几欲拟张衡。

"尊王志独诚"意思直白，而"对策年犹少""小臣摇彩笔"相当含蓄。"对策"实指亭林赴职前写的"对策"四论（论军制、形势、田功、钱法，见《顾亭林诗文集》卷六），尖锐指陈时弊，提出改革对策，凸显其"尊王"以安定天下之志。不过，当时亭林33岁，并非少年，却说"年犹少"，多少有点自嘲。"小臣"也是实指——"兵部司务"不过是"科员"，而"彩笔"则让人想到杜甫的"彩笔昔曾干气象，白头吟望苦低垂"（《秋兴之八》）。看来，"小臣摇彩笔"也不无类似杜甫那样的吟望之苦。

至于"几欲拟张衡"，则更富余味。就字面讲，是说《京阙篇》前面的铺叙想学张衡《二京赋》的讽喻，但差距不小，所以说"几欲"——几乎想要。

亭林是熟知张衡的，此时他想到的肯定不止于《二京赋》。《后汉书·张衡传》说他"才高于世，而无骄尚之情"（才能比世人高，而并不把自己看得多么了不起）。他的"浑天仪""候风地动仪"都是世界级的发明创造。张衡不仅诗文高明，还是政治家。《张衡传》上说"河间王"谋为不轨，张衡不动声色便救平了乱局，"上下肃然，称为政理"。亭林无疑对张衡这位"百科全书"式的杰出人物十分向往。

因而亭林感到与张衡的差距，应与"对策""尊王"有更多的联系。亭林当时肯定感到：自己不如张衡清醒。这是所以"自嘲"的原因。

亭林不会想不到《张衡传》里这段故事："（汉顺帝）尝问衡天下所疾恶者。宦官惧其毁己，皆共目之，衡乃诡对而出。"汉顺帝不算很糊涂，他想让张衡说说天下人最讨厌什么。而张衡看到宦官"皆共目之"，立刻明白，言之无益，于是说了些不相干的话便退出了。《后汉书》作者范晔懂得张衡心态，说他"以为吉凶倚伏，幽微难明"，接着全文引录了张衡《思玄赋》。这篇赋很长，以大量神话传说表现"思玄"的无奈，可看作"诡对"的解说。

亭林原以为自己"对策"四论会对"复兴明室"有用。客观地说，若论见识之博、立论之精，"四论"确乎人所难及。仅《形势论》"以南取北"的战略构想，就并不在诸葛亮的"隆中对"之下。但南明并无"刘皇叔"。亭林到南京后，一定更了解拥立"福王"时史可法与马士英的争论。史可法认为"福王"贪、淫、酗酒、不孝、虐下、不读书、干预有司，有"七不可立"，但依然被马士英拥立登基。亭林置身南京，恐怕心已凉透。这种心情，在与《京阙篇》同时写的《金陵杂诗》中表达得非常充分。

"七不可立"的福王哪有半点"公"心？可自己居然以为安定天下的"对策"能够有用，比起张衡，亭林怎能不自嘲幼稚！

不过"尊王志独诚"的亭林，日后却比张衡有所超越。

张衡感到迷茫，知机而退。而亭林在南京"一脚踩空"后却锲而不舍，先是追随唐王朱聿键抗清，一年后唐王遇害，亭林便如屈原般"上下求索"。如1650年《流转》中的"丈策追光武（光武，东汉光武帝刘秀）"、1679年《少林寺》中的"勉待秦王至（秦王，唐太宗李世民）"等，都可反映他对优秀"王者"的追寻与期待。类似的诗句非常多，亭林在这个问题上的认识，也在实践中不断深化。

首先，他坚持认为，"王"的作用极重要。他的《书女娲庙》中这几句很有代表性：

> 惟天生民，无主乃乱；
>
> 必有圣人，以续周汉。
>
> 如冬复如春，日月如更旦。

"主""圣人"都是"王"的同义语。这里化用了《尚书·仲虺之诰》的话"惟天生民，有欲无主，乃乱。"这种"主"与"民"的关系，亭林认为就像有冬就有春、有昼就有夜一样，是常识，也是规律。

但是，亭林不再像《京阙篇》那样泛说"尊王"。他不认为有"帝王"名号者就称得上"王"。福王朱由崧不算，南明的鲁王、桂王也算不上。至于明末的崇祯，亭林晚年说"至崇祯之时，人心已去"（《顾亭林诗文集》94页），崇祯显然也不是他认可的"王"。他晚年的《春雨》所说的"待后王"，可反映他在这个问题上思考的结果。他说：

> 春雨对空山，流泉傍清畎。
>
> 枕石且看云，悠然得所遣。
>
> 未敢慕巢由，徒夸一身善。
>
> 穷经待后王，至死终黾勉。

这首诗写于1678年，亭林66岁。当时是康熙十七年，吴三桂"反清"已占据半个中国，而且当了"皇帝"。亭林的许多朋友都去支持吴三桂，而亭林不为所动。他在吴三桂起兵第一年（1674）写《子房》一诗，即认定吴三桂不行。他的《答徐甥公肃书》（《顾亭林诗文集》138页）则相当清楚地反映了他的"反清"立场已有所改变。其出发点是认为"民穷财尽"，老百姓太苦，这才是更重要的问题。当时清政府极力争取汉族知识分子，对亭林也做了不少工作，而亭林的态度是坚决"不事清"。对二十多岁的康熙，他还看不出够不够得上"后王"。此诗的表达便基于这一立场。

前边四句写居处景物，心态平和，但表明的是绝不独善其身。"巢由"即巢父、许由，都是传说中唐尧时的高士。亭林把国家人民看得比什么都重，做"徒夸一身善"的高士，非其所愿。他矢志不渝的追求，是"穷经待后王"。穷经，即穷原竟委，把经典读懂弄通。

"待后王"，是亭林深思熟虑所形成的观点。早在《春雨》写作之前两年，他在给黄宗羲的信里谈到"君子所以著书待后，有王者起，得而师之""圣人复起，不易吾言"。他读了黄宗羲的《明夷待访录》，认为自己的著作"同于先生者十之六七"（《顾亭林诗文集》238页）。黄宗羲的"待访"，即是"待（后王）来访"的意思。

亭林和黄宗羲所"待"的绝非什么专制帝王。黄宗羲对专制帝王的批判极为尖锐，认为专制君主是"以我之大私为天下之公"（《明夷待访录·原君》）。亭林则正面立论，他说："天下之人各怀其家，各私其子，其常情也""故天下之私，天子之公也"（见《顾亭林诗文集》14页）。意思是说，"天子"最大的"公"，就是使天下人的合理诉求得到满足。这种对天下为公的辩证诠释，是亭林对"后王"的期待。这一认识远远超越了张衡，而显然与今天所讲的为人民服务相通。

在《日知录》里，亭林对历史上治国理政经验教训所进行的大量反思，与他30岁《郡县论》所谈"天下之私，天子之公"是一以贯之的，只是思考得更加充分而深刻。掌握天下"公器"的"后王"该怎样做就能为天下开太平？《日知录》做了回答——例如怎样树立良好风气，怎样识别使用官员，怎样对待水利、交通等公共设施的建设，怎样加强法制，怎样除贪倡廉等，这些真知灼见，都可谓"古人之所未及就，后世之所不可无"（《日知录》卷十九），也正是他对"后王"怎样才能做到"天下为公"的期待。

2019年5月1日初稿
2021年6月9日修订

八、谈谈"国学经典"的导读

国学经典富含健康的文化基因。在国学经典中,崇德励志、激浊扬清、重义亲仁、务实求新、家国情怀、天下为公等熠熠生辉的文化元素,琳琅满目,生生不息,构筑了中华五千年文明虽饱经磨难而不断发展的根基。中华文明要与时俱进,而健康的文化基因则必须薪火相传。我们要有所担当,让学生多读些国学经典。

1926年—1948年,商务印书馆组织当时的文化精英编选了这套"学生国学丛书"。那是"五四"之后,西方"科学""民主"形成强势潮流;那也是我国备受欺凌、积贫积弱的年代。日寇血腥入侵,民族面临危亡。但先贤们认定,时势再艰危,道路再坎坷,中华民族的优秀文化一定要传承。中国的发展终究要走中国自己的道路。因而他们不畏艰辛,毅然以二十几年时间编选了这套价值很不寻常的丛书。

眼下这套丛书的新编工作正在进行。这是一个适应经典阅读需要的参照系和资源库。那么,如何利用这些资源使学生多读些国学经典呢?一言以蔽之:抓好导读。

一、导读,利于学生多读些国学经典

让学生多读些国学经典,与语文新课标经典阅读、整本书阅读和任务群学习的精神具有一致性。但学生读国学经典，不宜采用"作品分析"的方式，而要重视"导读"。导读，就是不由教师去喋喋不休地"讲"，而让学生充分进入语文应用中（即听、读、说、写的过程中），从而领悟话语内涵，实现优秀文化品质的熏陶渐染。这样，国学经典就能多读，既利于健康文化基因的植入，也利于语文课程改革的深化。

这套书的新编"导言"，就是"导读"之言。这些导言虽然是面对所有读者来写的，但与形成上"导读课"的具体方案，也只有一步之遥。怎样跨越这一步之遥呢？我试写了8条"导读"笔记。或者说把导言转换成上导读课的预案，以供参考。

1. 读《国语》。原编者叶玉麟对读《国语》有"抉择幽眇"的精辟指点。《国语》中的幽眇数不胜数。例如《鲁语》中"季文子相宣成"故事。季文子是宣公、成公两朝首辅大臣，可是他"无衣帛之妾，无食粟之马"。一位叫种孙它的"官二代"对此不以为然，就规劝季文子，但遭到严肃批评。种孙它不服，季文子把这一切告诉其父亲。没想到种孙父亲把他关了七天禁闭，让他反省。从此种孙它也"无衣帛之妾，无食粟之马"了。这里有不少"幽眇"，估计学生能说出三四条，或更多。又如《郑语》"桓公为司徒"，记述史伯回答郑伯"何所可以逃死"的追问。郑国处于四战之地，故郑伯有此追问。史伯对四方诸侯了如指掌，最精彩的是他提出"和实生物，同则不继"的指导思想。"和"指事物多样性的统一；"同"指无差别的单一事物。史伯认为西周衰败，源于周王"去和而取同"。史伯是西周末期人，二百年后，孔子进一步把这个意思表述为"和而不同"。这个观点，对我们认识今天的世界形势有什么启示？很可以组织讨论。

以上是《国语》导读的两个"母题",还可进一步确定些"子题"。

2. 读《礼记》。梁启超说《礼记》"为青年不可不读之书",认为这部书对拓展常识、增进修养非常重要。所谓"礼",广义地说,就是某种规矩。夏、商、周,近两千年,"礼"的内容不断演变,但一直被高度重视。所以我国素有"礼仪之邦"的美誉。直到今天,大至国家,小至家庭,各种规矩、规范、守则,都具有"礼"的意义。著名美学家宗白华在《美学散步》里谈到,中国人由天地动静、四时节律、昼夜来复、生死绵延,感到宇宙是生生而有条理的。他说:"这种最高度的把握生命和最深度的体验生命的精神境界,具体地贯注到社会实际生活里,使生活端庄流丽,便成就了诗书礼乐的文化。"那么,怎样的文化生活谓之端庄流丽?可让学生举古今关于"礼"、关于"规矩"的例子,谈谈自己的理解。

3. 读《礼记·中庸》片段。例如,《中庸》开头有一段:"喜怒哀乐之未发,谓之中。发而皆中节,谓之和。中也者,天下之大本也。和也者,天下之达道也。致中和,天地位焉,万物育焉。"意思是说,喜怒哀乐这些内心情感,当其未形之于外时,是人的本性,无所谓偏倚,叫作"中"。这些情感外显出来而能"中节",即恰如其分,不乖戾,不做作,就合于人的本性,叫作"和"。所以"中"是"天下之大本","和"是"天下之达道"。如能这样来理解"礼",提升自身修养,那就向"天地位焉,万物育焉"迈进了。那么,什么是内心情感恰如其分的表现?什么是乖戾、做作?可以讨论。

又如,《中庸》里有这么一段:"君子和而不流……中立而不倚……国有道，不变塞焉……国无道，至死不变……"一般人把以力胜人看作强，有一定道理。但这里，把"和而不流""中立而不倚"看作强，把在众声喧哗中葆有自己的本心，不改变自己德行的充实（不变塞），看作强。这段关于什么是"强"的看法，对我们有哪些启发？赞同，说说为什么；不赞同，也说说为什么。

以上2、3两条，是《礼记》导读的母题，可衍生若干子题。可以让学生小组讨论，也可自行选择完成，然后交流。

4. 读《左传》。《左传》中适合探究的故事很多，结合城濮之战的讨论会很有意思。一是战前，晋文公把他做的一个"怪梦"讲给大家听。子犯的解读是："吉，我得天，楚伏其罪，我且柔之矣。"这个解释似乎很牵强。《左传》写这诡异的梦，对表现晋文公的领导才能有什么作用呢？二是晋文公战前阅兵，临战又"退避三舍"，这两件事与晋军获胜有没有关系？为什么？三是远期准备。晋文公回晋国执政，抓了什么事？这些事和城濮之战有什么关系？

综合以上讨论，可以就"城濮之战"做进一步思考，说说这里反映了《左传》对战争怎样的理解。今天的世界，仍然存在战争的严重危险。在网上经常可见到大讲战争的文字。我们不妨研究一下《左传》中这个战例，看看对我们思考战争问题有什么启示。

5. 读《后汉书·马援传》。原编者说马援可看作"武臣的模范"。那么，马援什么地方可做武臣模范？当时军阀混战、江河湖海"王公数十"。在四川称帝的公孙述，势力很大，是马援的"发小"，对马援优礼有加。隗嚣雄踞西部，势力浩大，对马援非常倚重。但马援最终选择了刘秀。这里有两个问题值得思考：结合《马援传》具体内容，说说马援为什么选择刘秀；走向社会，参加工作，都存在"选择"老板的问题。在这个问题上，马援故事可给人哪些启发？

6. 读《后汉书》部分列传。《后汉书》"往往有位至三公，不为立传"，而对一些"独标瑰行奇节的人"却特予立传。例如勇于担当的贾彪、至死不渝的范滂、秉端持正的陈寔、质朴无华的仇览，都被作者范晔视为一时才俊。这些生命之花生不逢时，令范晔深思。他在《狱中与诸甥侄书》中自述编纂《后汉书》的目的，是想"正一代得失"。范晔生活在南朝，那时北方先后有"五胡十六国"，南方也极不稳定。总的来说，自三国鼎立到两晋、南朝宋，二百多年，基本局面是各种形式的群雄割据，战乱不断。那么范晔欲"正"的东汉之"失"是什么？是东汉皇帝专制，是党锢之祸，还是其他问题？为什么？

7. 读归有光。黄宗羲称其为"明文第一"。归有光《容春堂记》，写一位朋友弃官回乡建了个园子，园有堂，打开北窗，则马鞍山如在眼前，户外花木扶疏，田野如画，故名其堂为"容春堂"。对"容春"二字，归有光有这么一段话："春于天地之间，虽阴山、雪岭、幽崖、寒谷，无所不之，而独若此堂可以容之者，诚以四时之景物、山水之名胜，必于宽闲寂寞之地，而金马、玉堂、紫扉、黄阁不能兼而有也。"这段文字内涵丰富。可讨论一下：这里表达了对人生追求怎样的思考？凸显了怎样的美学品味？在个人修养上所肯定的"宽闲"，又是怎样一种境界？可参读《守耕说》《何长者传》等文，做进一步探究。这个要求如果偏高，可以降低。比如有句人们很熟悉的话"别想什么都占着"，可比较一下，这句话与归有光这段话的意思有何异同。这个较低要求，对学生写作"精彩语段"可能很有帮助。

8. 读晏殊《浣溪沙》。其中"无可奈何花落去，似曾相识燕归来"最为著名。前人称赞这首词"有回肠荡气之妙"。这里有什么"回肠荡气"之处呢？这不是写得很浅显么！但若从"花去""燕归"入手，品味一下其中除了"无可奈何"，还传达出什么情绪，就可能"品"出好几层意思。这两句词脍炙人口，绝非偶然，因为它把深刻复杂的情感表现得并不沉重却有千回百折的余味。倘若启发学生自行联想发散，也许能以"读晏殊"为题，写出篇不错的作文。

以上8条"导读"预案，涉及6种经典。如作为"校本选修"，有的可安排四五周，有的可安排半学期，相信都能让学生广为受益。

导读方法很多，但万变不离其宗。就是坚决把学生听、读、说、写的语文"应用"放在首位。亦即从具体典籍出发，从学生实际出发，教师"讲其可听"，使学生"想其可想"，从而去读、去想、去说、去写。在"学生国学丛书新编""总序之二"中，我把这概括为四点建议：了解背景，疏通大意，注重应用，坚持自学。

二、不把文言阅读等同于文言翻译

凡有所得，必有所舍。要抓好国学经典导读，就要摆脱那种"文白对照"全文翻译的文言教学套路。如果陷在"对号入座"逐句翻译的模式里，多读些国学经典很容易变成过重负担。

读文言文，贵在诵读和疏通大意，这比"翻译"重要得多。在很多情况下，阅读经典完全不必纠结于翻译。比如归有光那段谈"容春"的话，不翻译会更好。又比如《汉书·刘向传》这段话：

> 上复兴神仙方术之事。而淮南有《枕中鸿宝苑秘书》，书言神仙使鬼物为金之术，及邹衍重道延命方，世人莫见；而更生父德，武帝时治淮南狱，得其书。更生幼而读诵，以为奇，

献之，言黄金可成。上令典尚方铸作事。费甚多，方不验，上乃下更生吏，吏劾更生铸伪黄金，系当死。

如果"对号入座"翻译，这段话够折腾一堂课。其实不必。只要把握住开头的"上"，就知道这句说"皇上"想干什么。接下去句子老长，但把"书言……延命方"反复读两遍，就会有些明白，原来那本书说到些秘方。接下来的"更生""德"要弄清，是刘向和他父亲的名字，这就不难明白大意了：当初刘德审案得到一部书，刘向读过，后来献给皇上，说能炼黄金，结果不灵，判了死罪。这样，大意就疏通了。其实借助注解弄清"更生""德"是人名，故事梗概就不难把握。再反复读读，有点语感，大意也能基本了然。这应是一般人读文言文的常态。

"疏通大意"不意味着对教师降低了要求。教师须对文本确有所悟，疏通文义才能"讲其可听"，有启发性。前面各条导读笔记，不少地方都是疏通大意，不过繁简不同、目的不同而已。能灵活自如地疏通大意，就说明教师对作品内容能驾驭得住，而这正是"导读"的前提。有时候疏通大意就是导读，比如第5条笔记讲马援选择刘秀那些话。总之，教师综合驾驭文意的能力提高些，就容易发现什么地方可让学生自学、自读，就能把主动权更多地交给学生。

近年常有人批评，说教育"不鼓励独立自由的创新思维"。今年教育部推出新修订的语文课程标准，倡导经典阅读，是很好的回应。我们应深化课程改革，把学生的视野放开些、扩大些，不要把他们捆绑在没完没了"逐字逐句"的翻译上，而要加强引导。那么，多读些国学经典的愿望就能实现，厚植健康文化基因就会效果倍增。

2018年7月　宁夏

九、植入健康的文化基因

——文言文的阅读方法

优秀的传统文化是中国人的精神家园。学生多读些国学典籍，将有助于把优秀传统文化的基因植入肌体。王宁老师的"总序"①，对该丛书的这一编辑意图已有深入全面的阐释，我打算就如何阅读这套丛书，或者说如何阅读文言文，做些补充性说明。

这套丛书的每一本，都专门写了新编导言。这是今日读者和原书连接的桥梁。人们常把桥梁喻为过河的"方法"，所以也可以说，新编导言之所谓"导"，就是力图为各类学生和更多读者提供一些阅读的方法。

这套丛书有好几十本，都是极有价值又有相当难度的国学经典，如不讲究点阅读方法，编辑意图的实现会大打折扣。但这些经典差异性很大，《楚辞》和《庄子》的阅读肯定很不同，《国语》和《周姜词》的阅读方法差别就更大，即使同是词，读《苏辛词》与《周姜词》也不宜用完全相同的方法。因此该丛书新编导言所提供的阅读方法，针对性很强，因书而异。但异中有同，某些共性的方法甚至更为重要。不过，这些共性的方法渗透在每一篇导言中，未必能引起足够重视。下面，我想谈谈文言文阅读的四个具有共性

---

① 本文是商务印书馆"新编学生国学丛书"的总序之二。

的方法。

一、了解作者和相关背景，了解每本书的概貌，对每本书的阅读都很重要，这毋庸置疑。但一般读者了解这类相关知识，目的仅在于走近这本书。因而涉及作者、背景、概貌等，导言中一般不罗列专业性强的知识，而诉诸比较精要的常识性叙述。比如对《吕氏春秋》作者吕不韦，并没有全面介绍，也没有像过去那样从伦理道德上对这个历史人物加以贬抑，而只侧重叙述了他作为政治家的特点，因为明乎此便很有助于了解《吕氏春秋》。又如《世说新语》的成书背景有其特殊性，也需要了解，但限于篇幅，叙述的浓缩度很大。凡此种种必要的常识，新编导言里一般是点到为止，只要细心些，便不难从中获得多少不等的启发。兴趣浓厚者，从网上查找相关知识也很容易。

二、借助注解，疏通文本大意之后，就要反复诵读。某些陌生的词句，更要反复诵读。一句话即使反复诵读二十遍也用不了两三分钟，但这两三分钟却非常重要。

"诵读"是出声音的读，但并不是朗诵。大家所熟悉的现代文朗诵，不完全适用于文言诗文。朗诵往往是读给别人听，诵读却是读给自己听。古人所谓"吟咏"，是适合于当时人自己感悟的一种诵读。今天的诵读，用普通话即可，节奏、抑扬、强弱、缓急，都无客观规定性，可随自己的感受适当处理。如果阅读文言文而忽略了诵读，效果至少打一个对折。不念出声音的默读，是只借助视觉器官去感知；出声音的诵读，是把视觉、听觉都动员起来的感知，其所"感"之强弱不言而喻。而且一旦读出声音，就让声带、口腔等诸多器官的运动参与进来了，凡诉诸运动器官的记忆最容易长久。会骑车的人多年不骑，一登上车还是会骑。因为骑车的感觉是一种运动记忆。文言语感的牢固形成与此类似。古人所谓"心到、眼到、口到"之说，实在是高效形成文言语感的极好方法。不管是成篇诵读、片段诵读，还是陌生词句的反复诵读，都是提升文言阅读能力的好办法。本丛书的每一篇新编导言并未反复强调"诵读"，但各种阅读建议，无不与某些片段的反复读相关。既读，就要"诵"，这是文言阅读的根本方法。

三、应用。这是与文言翻译相对而言的。把文言文阅读的重点放在"翻译"上，副作用很多。一是不可避免信息的丢失。概念意义、情味意蕴，都会丢失。课堂教学中让学生把一篇文言文从头到尾"对号入座"地搞翻译，是文言教学中的无奈之举。一句一句，斤斤计较于文言句法、词法和现代汉语的异同，结果学生的诵读时间没有了，刻意去记的往往是别别扭扭的"译文"，而精彩的原文反倒印象模糊，这不是买椟还珠吗！所以，在疏通大意、反复诵读的同时，一定要重视"应用"。应用，就是把某些文言词句直接"拿来"，用在自己的话语当中。比如，在复述大意时，在谈阅读感受理解时，不妨直接援引几句原话。如果能把原文中的某些语句就像说自己的话一样，自然而然地穿插到自己的述说中，那就是极好的应用。本丛书新编导言中援引原作并有所点评、有所串释、有所生发之处很多，但绝不搞对号入座的翻译，这不妨看作文言文阅读方法的一种示范。新编导言中有很多建议，要求结合作品谈个什么问题，探究个什么问题，都不同程度地含有这种"应用"的要求。

四、坚持自学。这套丛书，为学生自学文言文敞开了大门。学生文言阅读的状况永远会参差不齐。同一个班的高中生，有的已把《资治通鉴》读过一遍，有的能写出相当顺畅的文言文，但也有的却把"过秦论"读成"过奏论"，这是常态。面对几十个人的文言课堂只靠讲授，几乎不可能使学生文言水平迅速均衡起来。只有积极倡导自主性学习，才可能有效提高教学质量。本丛书的新编导言，高度重视对文言自学的引导。每篇新编导言都就怎样去读提出许多建议。这些建议有难有易，不是要求每一个人全都照着去做。能飞的飞，能跑的跑，快走不了的慢走也很好。新编导言在"导"的问题上，从不同层次上提出不同建议，相信各类学生都能找到适合自己的要求。只要选择适合自己或者自己感兴趣的要求，坚持不懈地去"读"，去"用"，文言文的自学一定会出现令人惊喜的成果。从这个意义上说，本丛书的每一本，都是适合于各类读者自学国学经典的好读本。每一本中经过精心处理的注解，都是自学的好帮手，而每一篇新编导言，又都可对自学起到切实的引导作用。只要方法对、策略恰当，那么这套丛书，肯定能帮助我们有效提高文言文阅读水平。

目前，在深化高中语文课改的大背景下，很多学校高度重视突破过去那种一篇篇细讲课文的单一教学模式，开始重视"任务群"的学习，重视"整本书"的阅读，重视"选修课"的开设，重视校本课程的建设。在这样的大背景下，如果学校打算从本丛书中选用几本当作加强国学教育的"校本教材"，那么"新编导言"对使用这本书的教师来说，也可起到某种"桥梁"作用。

不管用一本什么书来组织学生学习，都必须对学生怎样读这本书有恰当的引导。这是提高教学质量的一定不移之理。恰当的引导要有助于各类学生更好地进入这本书的阅读，要有助于各类学生更好地开展自主性学习，要使学生在文本阅读中进行有益的探究，并获得成功的喜悦。为了能使新编导言的"导"起到这样的作用，本丛书专门组织了多位第一线优秀教师先期进入阅读，并把成功教学经验融入新编导言。因此，我们有理由相信，新编导言可以成为组织学生学习活动的有益借鉴。导言中结合具体作品对阅读所做的那些启发、引导，针对不同水平读者分层提出的那些建议，都将有助于教师结合自己学生的实际情况进一步拟出付诸实施的具体导学方案。

我相信，只要阅读文言文的方法恰当，只要各类读者从实际情况出发，循序渐进地学，优秀传统文化的基因就一定能更好地植入肌体。

第三章　不忘前辈教诲

我国从"私塾"到"新式学堂"始于一百多年前，开始的几十年，学校很少，即使教育最发达的省，中学的数量还远不及现在一个普通的县，语文教师的数量相当有限。直到20世纪50年代，教育方迅猛发展，80年代普及初中，后又普及高中，语文教师才逐渐形成今天这样规模宏大的队伍。这说明"语文教学"的历史不过一百多年，而以叶圣陶为代表的语文前辈，历经了语文教学的从无到有，是名副其实的"奠基人"，是最早悟透了语文教学真谛的教育家，对语文教学的发展做出巨大贡献。叶圣陶等许多前辈对语文教学本质的认知，与中国自己的文化水乳交融，容不得轻率否定。

西方的语文教学（母语教学）究竟怎么样？刘国正先生（著名语文教育家，人教社前副总编）曾去美国考察、听课，回来后我去请教，国正先生私下对我说："问题跟咱们差不多，看不出强在哪儿。"

那时一位热衷中文的法国青年来北京游学，经朋友介绍，向我"请教"了几次。在交谈中，我发现美国的基础教育在欧洲的口碑很不怎么样。

这些都使我对叶圣陶等前辈的筚路蓝缕之功愈加钦敬。

教育是"百年树人"的事业，语文教学亦然。前辈开拓，后人继续探索，那些在实践中具有生命力的真知灼见，必须传承。搞语文教学，须在前辈辛勤探索的基础上扎实进取，锐意创新，而不能像下棋，不满意便可随时"推倒重来"。教育事业是艰巨的，语文教学的创新是渐进的。对"百年树人"的事业怎能不洞悉来龙去脉呢？

在教学中，经常反思那些曾经使自己最受启示的东西，可以温故知新。我们在教学中的创新，无非是在新的条件下，借助前辈所不可能借助的种种优势，使成果发扬光大。

不忘前辈教诲，不应止于寻章摘句，仅关注前辈所"言"，还应体会前辈之"行"。培养教师的学校之所以称"师范"，强调"学为人师，行为世范"，即突出教师在"行"上应是学习的模范。所谓"不忘前辈教诲"，就是要铭记前辈的表率风范，继承前辈的高尚品德。

很长时期以来，趋利之风盛行，至今充斥于各种媒体，这对教师的考验很严峻。"趋利"源于人的本性，用不着教，无师自通，用不着"百年"去"树"。既投身"百年树人"的事业，就不能没有点境界。当教师，就须有不失赤子之心的追求，乐于无私奉献。不忘前辈教诲，庶几无愧"师范"二字。

在这些方面，后附各篇，或可示意。很多语文老师都有比我深刻得多的体验。

一、多少浪花映春明
——怀念苏予老师

苏予老师永远离开我们已经一年多了。她是我最尊敬的老师，但我一直未向苏老师表达过我内心深处的崇敬。

苏老师教我是在北京六中，虽只有半年，但令我终生难忘。自那以后，再聆教诲，已过了三十多年。20世纪90年代，我终于打听到在北京出版社主编《十月》的苏老师住在哪儿，立即专程趋谒。那时苏老师年事已高，但精神极好，长谈两个多小时方才惜别。不料这竟是最后一面。今年夏天，接到苏老师老伴张宛先生邮寄的《怀念苏予》一书，方确知苏老师已在2016年3月14日凌晨与世长辞了。

苏老师教我，是我高三毕业之前的半年。她教语文，担任班主任。我们只听说她是从市委"下放"来的。她身体弱，说话声音轻。那时的语文课，主要学的是临时发的小册子、报纸社论什么的。苏老师讲了些什么，我记不清了。但我们的感觉是，她文学修养高，话语明晰，措辞温婉，从容不迫，泱泱大家风范。她曾夸我的作文，说是关联词语用得活，"文气"很足，令我备受鼓舞。

我记得最清楚的是她找我的一次个别谈话。那是高考前一个多月，正填报志愿。那天下午放学后，她找到我，说出去走走。出六中校门往北拐，说着闲话，就到了西华门外的筒子河边。那里很安静，适于谈话。虽然站在河边只谈了不到半小时，却决定了我一生的道路。

她的谈话主要是两个意思。一是说，知道我喜欢文学，但建议我学工科。她说钢铁学院和矿业学院管招生的人来六中联系过，他们考察过六中篮球队，愿意招我去他们那里，如我报考，可以"保送"。我当即表示，我愿意学文，打算报考外国文学专业。那时我刚读完莎士比亚戏剧集，十四行诗集，拜伦、雪莱诗集，正醉心于西方文学。苏老师对此似有所料。接下来她讲了第二个意思。她说，学文也可以，但别一厢情愿，报个外国文学专业力争一下也行，但紧接着说，一定直接就在"二类院校"栏目里填报北京师院中文系，今后去当语文教师，她相信这会是很好的选择。

筒子河静悄悄，倒映着古老的西华门城楼和紫禁城墙垣，但我内心极不平静。我想学外国文学，曾与不止一人说过，大多鼓励有加，明确表示不赞成的，苏老师是唯一的一位。她谈话重点，分明在语意转折以后的那几句话。我父亲当时被错划"右派"，我一直觉得与自己没什么关系。我那时根本不知道高考有"政审"一关，更不知道"涉外"专业政审尤其严格。但苏老师这次谈话分量很重，我是分明意识到的。不然何至于把我带到校外老远来谈呢？

我认真按苏老师的指点填了志愿。果然，由那时属于"二类"院校的师院中文系录取了。对此我是有思想准备的。我有两个小学同学当时在六中，不同班。他们学习很好，但家庭"不干净"，可能高考志愿报的不妥当吧，落榜后的遭遇十分坎坷。这令我对苏老师的指点更加感激莫名。苏老师的赤诚与循循善诱令我难忘，但我也有一丝不解：她为什么要到筒子河边来谈这番话呢？

解开这丝不解，已是三十多年后，20世纪90年代那次去苏老师家长谈。她说明了当年"下放"的真相。她是中华人民共和国成立前参加革命的，北京一解放她便在市里工作，但因1955年"胡风反革命集团"大案株连，她成了胡风反革命集团的"影响分子"，从市机关下放到乡下，后辗转来到六中。"胡风反革命集团"原本就是莫须有的事情。而苏老师的二姐，曾与所谓"胡风分子"的阿垅结为夫妻。尽管这位二姐早在1946年就去世了，苏老师与那个并不存在的"胡风反革命集团"可说毫无关系，自然无论如何也写不出什么揭发材料，但因此却一再受党内处分，成为"另类"党员，不断挨整了近三十年。其间种种歧视与艰难遭遇，绝对是一般人难以忍受的。但就在这样的境遇里，苏老师却对我这个不谙世事的学生爱护有加。这让我对苏老师不仅是感激，更是感动。我完全猜想得到，她担心我这个学生"冒傻气"，瞎报志愿，但有些话不便直说，学校里人多眼杂，难免不惹是非，而她更不愿我这个傻学生也沾上什么牵累。这大概就是苏老师要慎之又慎地安排那次筒子河谈话的原因吧！

20世纪90年代，我已是近三十年教龄的老教师，还获得北京市"特级教师""师德楷模"等荣誉称号。但我深感，苏老师爱护学生、为学生一生负责的崇高师德，永远是我学习的榜样。

今年夏天，张宛先生寄来《怀念苏予》一书，我如获至宝。读这本书，我深感自己过去对苏老师的了解太肤浅。苏老师参加革命早，被国民党特务追捕过，被自己人冤枉过，在漫长的尴尬境遇里洞悉人世百味，她对人生深邃的感悟，永远是启迪后人的财富。

书中第一篇散文《蓝色的勿忘我花》就深深打动了我。这是苏老师1989年为她二姐张瑞写的长篇祭文，我觉得这实在是当代文坛不多见的优秀散文。

这篇散文以"祭亡姊"为主线，写出20世纪40年代抗战前后四川旧式家庭种种错综的矛盾，勾勒出各种人物生动的侧影，表达了作者对"亡姊"这位"才女"深挚、复杂的感情。其中除对阿垅着墨略多，对同时期活跃于文坛的一些有名人物，如何其芳、卞之琳、李广田、邹荻帆等均有所及。而苏老师最不能忘的，是她的二姐张瑞。这是个向往进步、不断追求生命价值的普通文化青年。苏老师不能忘怀她那坚强面对不幸生命所付出的点点滴滴的努力，不能忘怀她那背负着诸多误解而无从辩解的深深痛苦。

从这篇祭文中，我看到了那个时代的潮流。四川那时是国民党的"大后方"，但大批知识精英却都把希望寄托于延安。这是那时追求进步的主流，苏老师便是在这潮流中走向了共产党。共产党正是顺应了历史潮流，团结了一切进步力量，所以三年多便打垮了蒋介石。但中华人民共和国成立以后，阿垅等人的不幸，应当说是夺取全国胜利之后，以"群众运动"代替"法治"所出现的早期错案。而苏予老师的无妄之灾也便随之降临，身处逆境二十多年，直到邓小平"拨乱反正"才从逆境中走出。苏予老师这篇祭文所说的"勿忘我"，直接所指便是张瑞。但我觉得，苏老师这篇长文的寄托，既深且广。

张瑞远不是什么"完人""典范"，苏老师在文中以含蓄之笔写到她一些明显的弱点。但在那时代大潮中，她难道不是一朵曾经翻涌过、曾经奋力追逐春光的浪花吗？这样的人，不该被遗忘！

苏老师对不该被遗忘的人物，往往给予深深的关注。

《怀念苏予》一书收录的《红土地上的巴山儿女》一文，写于2001年，未曾发表。这篇散文记述了被人遗忘多年的两位共产党人的故事。席懋昭、贺伯琼，夫妇两人出身仪陇县大家，在1932年、1933年先后入党，长期深入农村，组织游击队武装，开展秘密工作。1935年遵义会议后，陈云受命去上海，为的是与共产国际取得联系。上级组织派席懋昭负责护送。当时蒋介石与四川军阀正在对红军围追堵截，清剿部队与民团武装岗哨林立。席懋昭护送陈云从川边出发，曲折前行，走了1400多里山路，终于保护陈云安抵重庆。就在席懋昭护送陈云出发不久，贺伯琼被敌人逮捕。席懋昭完成护送陈云出川任务后，遭到敌人通缉。不久他也不幸被捕。两人都被押在仪陇县监狱，敌人百般拷问，两人始终守口如瓶。到"西安事变"国共谈判后，两人才被保释出狱，但无法与党组织取得联系。席懋昭从报纸上得知党中央机关已到延安，便只身跋涉，奔赴延安。到延安后，受到陈云亲切接见，分配到党校学习。1938年他肩负党的重托，回到仪陇开展工作。1942年，当地乡绅告以"私通共党"罪名，使他无法立足，于是便到西康一带投入更加艰巨的斗争。贺伯琼则继续留在仪陇开展秘密工作。1948年初，席懋昭在雅安不幸被捕，押送到重庆"中美合作所"集中营，受尽折磨，1949年重庆解放前夕，竟在渣滓洞惨遭特务集体枪杀。而贺伯琼在仪陇历尽艰辛，工作卓有成效，终于迎接到解放大军的到来，为安定当地社会秩序做出重要贡献。1950年，她被选送到阆中军大学习，不料竟被人污指为"特务"，并在"镇压反革命"运动中被处死。这位忠贞的老共产党员，直到1984年，才得到平反。后四川省委、省政府追认两人为烈士，并给席懋昭记大功。

在中国革命的伟大浪潮中，席懋昭、贺伯琼，无疑都是那迎来人间春色的耀眼浪花。苏老师在文章里说："像席懋昭、贺伯琼这样的大巴山英雄儿女，在这片红土地上何止万千。大巴山的红土地，浸透了劳动者的汗血、眼泪，也浸透了无数英雄志士、革命先烈的热血。"

我们怎能忘记这一切呢？中国共产党所走过的艰难道路不能忘，中国人民在追求进步过程中付出的艰辛、痛苦与牺牲不能忘！

勿忘我花，是一种蓝色细小的花。如果说，张瑞是一朵这样细小的花，那么席懋昭、贺伯琼便是火红艳丽的杜鹃花。勿忘我——勿忘张瑞，勿忘席懋昭、贺伯琼，勿忘千千万万曾经奋力前行的志士仁人。他们是构成伟大中华民族脊梁不可或缺的组成部分啊！

苏老师文章中蕴含的寄托，既深且广，令我深受震撼。苏老师不仅是在写别人，也是在写自己的人生感悟。张宛先生说，他从苏老师留存的文稿中看到三句话："为民服务，为国尽忠，无怨无悔。"这是朴实的三句话，是苏老师践行一生的三句话，是苏老师的追求，也是她文章中的寄托所在。

苏老师从年青到耄耋之年一直很喜欢鲁藜的小诗《泥土》：

> 老是把自己当作珍珠，
>
> 就时时怕被埋没的痛苦。
>
> 把自己当作泥土吧，
>
> 让众人把你踩成一条道路。
>
> ——《怀念苏予》196页《泥土与自嘲》

这大约可以看作是苏老师为民服务、无怨无悔的一段注脚。当你有被埋没之感时，就把自己当作泥土吧。何等伟大的胸襟！

苏老师1983年6月在《人民日报》发表散文《博斯腾湖的芦苇》。结尾一段是这样写的：

> 那被人轻贱的苇，偏有苗直秀挺、柔韧顽强的性格，它那深

埋地下、茁壮葡匐的根茎，又蕴藏着多么强大的生命与活力。春风化雨时，有那么一点点水泽、雨露，它就蓬勃生长起来。

芦苇是最平凡的植物，但却蕴藏着强大的生命与活力。秀挺柔韧的芦苇，是对一切默默工作，为中华民族崛起奉献青春、奉献终生、奉献子孙的普通劳动者的生动设喻，也是苏予老师所追求的人生价值的形象写照。

胸怀天下百姓疾苦，为国为民甘心奉献，虽九死其犹未悔，这是中华民族几千年文化积淀的精华，也是我们历经曲折，今日终能自立于世界民族之林的最强"软实力"。但时下有些人，对此却颇不以为然。他们忘掉了我们的民族、我们的人民，包括他自己是怎样一步步走过来的，忘记老百姓渴求安定生活的基本需要。这些人每每认定自己是"珍珠"，自己最高明，自己的委屈比天大。对他们来说，似乎国家大事不过是随时都该掀翻棋盘从头摆过的一局棋而已。这些人最觉逆耳的就是苏老师这三句话。这恰恰说明，苏老师这三句话，确确实实掷地有声！这些人与苏老师最大的不同，就是苏老师有极强的社会责任感，他们没有。

滚滚大江东流去，多少浪花映春明！

苏予老师，是我最崇敬的那朵浪花，我永远记得你，你的无数学生永远不会忘记你，走向繁荣昌盛的中华民族永远铭记你！

2017年12月4日

二、薪火相传才俊新

——忆张寿康先生

首都师范大学已故教授张寿康先生,是著名语言学家、一代宗匠、语文教学的杰出传道者。

一

1959年,我进首师大中文系一年级,听说"习作课"老师叫张寿康。可上课一看,竟是"三叔"——张浩、张溦的三叔。他俩和我初中同学,住马路对面。一日兴起,我们爬上他家房顶玩儿。忽听张溦说"不好,三叔回来了",吓得几人同时卧倒。偷眼张望,见一中年人,丰颊方面,正穿过庭院走向西屋。原来这就是"三叔",好威严!不过对房上调皮者,他并未理会,让我暗生好感。但以后我便很怵和他照面,更没想到会从师受业。

一年级习作课,大概在中文系课程里算"冷板凳",可是寿康先生很受欢迎。尤其他对习作中细节的点评,精要隽永,令人倾倒。不过那时先生刚当上"右派",人们都避免多接触。直到四年后,我分到四中,才向近在咫尺的先生登门请益。

请益,就是在书房听先生随便聊。那是间耳房,三面书架满满是书,东北角有点间隙,挂着叶老书赠条幅,是"教亦多术也"那首五古。先生偶然写字消遣，小小字条便搭在书架上，我认不得是篆是隶，先生说，是"汉简"。书桌很小，还没两张课桌大。近旁一大盆"山影"，老绿浓郁。余下的空间极有限，真所谓"室仅容膝"。若来两个人，坐哪儿就够呛。可"室雅何须大"呢？这里的闲聊，足足惠我一生。

先生聊他的老师罗常培"护"学生，说罗先生最反对说自己学生的不是，认为那还不如说自己无能。罗常培是语言学大家，我买过他的《汉语音韵学导论》，是本极薄的小册子，多次翻阅，基本没懂，但一直珍藏至今。

先生聊得多的是语文教学，说顶好是几个挚友常切磋。他约略说到与张志公、徐仲华等先生的交往，讲20世纪50年代他们关于叙述、描写等各种"表达方式"的深入研讨。我1963年当语文教师时，"表达方式"还不被重视。但以后事实证明，"表达方式"之说，确能帮学生提高语言运用水平。先生们的切磋，善莫大焉！

先生多次聊到《语文学习讲座》。大约1962年，工商联办的"中华职业学校（函授）"举办系列讲座，帮机关干部提高语文水平，请叶圣陶、吕叔湘、王力、赵朴初等前辈先生在政协礼堂讲课，讲的大多是实用文，如中央文件、时评通讯、报告文学、调查报告之类，也有少量诗词。这些讲稿按月印成小册子，即一期期《语文学习讲座》，发往各地"函授"。先生是讲授者之一，言之较详。当时知道这小册子的人很少，我到书店遍找不见，后找到六部口"职校"本部，才得按期索购。而这些不起眼的小册子，似乎比大学那么多课程还管用，简直就是我语文教学的"枕中秘籍"。

那时和很多老师一样，我最感困难的是讲现代文。一篇文章念一遍，学生懂得的未必比老师少，还讲什么？这个难题，是《语文学习讲座》诸前辈帮我解开的。前辈们很少旁征博引什么，也不在什么名词术语上弄噱头，他们"内功"深湛，总是在作品内在逻辑与语言运用的结合上发力。这样，即使一篇实用文，也会很有魅力。

前辈们的讲稿，平平实实，如同静下心来和听讲者一道读作品，只不过作品宛若讲授者自己写的一样。于是作品中种种良苦用心便昭然若揭。至于不无瑕疵的作品，则会与听讲者一道研究如何修改更好。在语文前辈们那里，鲁迅小说《孔乙己》和《人民日报》《南京路上好八连》的报道，都是学习语文应用的范本，都可让人获得前所未有的启迪。这是助人"读懂"之"秘"，也是语文教学之道。

在那之前，我对此懵懵懂懂。而寿康先生对《语文学习讲座》的看重，终让我从前辈们的讲授实践中明白了"精读"是怎么回事。

我听很多人讲过许多阅读方法，甚至也能在课上"侃"一番。但也许是干扰太多，似乎我与"读懂"之道始终有不小隔阂，仿佛多次与智者擦肩而过却未识真容。而寿康先生的指点，令我蓦然憬悟：所谓"读懂"，原来就是这样！叶圣陶等前辈的方法，无疑代表了那一代语文教育的最高水平，他们的很多言论虽被人们重视，但若无寿康先生的指点，我不会高度重视他们的讲授实践——讲什么、怎么讲。尽管他们的讲稿，在局外人看来未必生动有趣，但语文教学中突破"精读"的秘密，就在他们平实的讲授中。

先生随时随地的指点，都是极好的个性化教学。有次在他家大门口的指点，令我至今记忆犹新。

事情过去四十多年了。那时我早已搬家到北城，只偶尔去南城看望先生。一次，先生说你来得好，有份稿子，你带给胡老吧。胡老，胡显东老师，是先生年长的同事，与我住隔壁。胡老注了本

"法家文选",请先生把关。先生怕胡老着急,让我赶紧把稿子送去。出大门时,我正搬自行车过门槛,先生又叮嘱道:"你替我向胡老说'刀灾碍目'。"我侧转身,先生凝视着我,又把"刀灾碍目"四字重复了一遍。

我有点发愣,不知这是哪四个字。但正搬着自行车过门槛,在不容旋踵的高台阶上,也不便再问。回去的路上,我便一直琢磨。忽然想到先生那似隶似篆的"汉简",于是我猜,"刀灾"的"刀"一定是"刀笔"的"刀"。这四个字当是"刀灾碍目"无疑。那么先生让我传达的应含三个意思:一是已遵胡老之请,提出修改意见;二是改动可能不妥,很抱歉;三是请胡老自行定夺,不敢有污清目。后来,偶然在一本什么"尺牍大全"里看到这说法,印证了我的猜想。

作为一个四字成语,"刀灾碍目"可能早就没什么实用价值了,但我却不能忘怀。因为它让我铭记:语言运用,由彼此关系、文化修养、交际目的等多重因素决定,寿康先生向胡老这么说,很得体,而特定的场合也很重要。当时先生若让我替他"带"一大堆话,怎么"带"?这四字指点,对我来说,实不啻一部"语用学",其情意丰足,岂是一般"语用课程"所能尽载?

二

语文教学,含"教学""教研""教师提高"三重内涵,三者结合的紧密程度,决定着语文教学质量。寿康先生不仅坚持这样的主张,更是身体力行者。他不仅指点我提高教学水平,而且"力挺"我把教研工作抓好。最令我难忘的,是他对四中《作文讲话》的支持。

1977年我任四中语文组组长，正值拨乱反正、恢复高考之际，学校工作一片生机。我当时重点抓了作文教学研究，极力支持黄庆发老师总结他的独到见解。黄老师写作水平高，20世纪50年代即在《人民日报》发表散文。他反对系统讲现成的各种写作知识，主张按"作文过程"和"平时准备"两部分来加强作文指导。"作文过程"，即通过审题、构思、提纲、行文这四个节点上的点拨，着重帮学生"会想"，让"没话可说"的学生也能写出有意思的好文。"平时准备"，则讲平时帮助学生在哪些方面做哪些操练。我一边帮黄老师系统编写书稿，一边在教学中施行，感到效果极好。历经大半年，一部20万字的《作文讲话》稿编成了，但种种困难随之而来，我很被动。一些老师钟情于系统讲写作知识，认为"作文过程""平时准备"的体例站不住。"凭什么就信老黄"的指责，令我无以回应。于是我想寻求寿康先生支持，便把书稿送给先生看，但也不无疑虑。因为《作文讲话》与当年先生"习作课"的路数不太吻合。先生大致翻看了稿子，当即表态，其支持力度完全超乎我意料之外。

　　先生多年致力于古代、现代文章学研究，许多深湛见解极具指导意义。他从古今文章学的发展上指出，"作文过程"和"平时准备"的划分，反映了面向中学生写作实际需要的"文章学体系"。这无异于说，《作文讲话》所反映的也是一种写作知识系统，只不过不是人们所熟知的那种，而是切合实际需要的一种系统。这可能是我后来大力呼吁"实际应用知识系统"的最初动因。寿康先生还强调，《作文讲话》既适合教师提高作文教学水平的需要，也切合青年们学写作的一般需要。先生这评价，立足点很高。记得《人民文学》主编崔道怡，在黄老师宿舍读《作文讲话》稿时叹息道：一些青年作家实在该好好看看这部稿子，他们写不好作品和学生写不好作文，关键都在不"会想"啊！崔主编与黄老师是交往颇密的同学，而与寿康先生毫无瓜葛，但对写作症结的认知却不谋而合。

令我更没想到的，是寿康先生力主《作文讲话》应正式出版，他表示可以马上写序，并认为应争取叶老的支持。

叶老是我心目中须仰视才见的老前辈，请叶老支持，我想都没敢想。而寿康先生说做就做，约定星期日上午十点，在东四北八条胡同口聚齐，他要带我去登门拜见叶老。

原来北八条有处教育部宿舍。叶老住的是一个大四合院的北房，三间堂屋加东西耳房一共七八间。寿康先生刚带我在中间客厅落座，叶老便从西耳房出来，表示欢迎。当时有位长者陪叶老出来，是位出版社老总，平时照顾叶老。

叶老当时85岁，听力差，但头脑清晰。寿康先生大声向叶老介绍了"我"，介绍了四中编写的《作文讲话》，并着重说，"作文过程"从"审题"讲起，因为这是使"构思"浮想联翩的枢纽。想得宽阔，构思才能成功。叶老连连点头说，题目总归要"会审"才成嘛，"答友人书"就是个题目么，思路打不开，连封信也写不好的。寿康先生重点说"审题"，我想是因为叶老批过八股文"破题""承题"，对"审题"有过非议。寿康先生的意思，是此审题非彼审题也。而叶老显然心知其意，颇为赞同。

叶老态度明朗、热情，临别还特意引我到西耳房看看，说："这就是我写字的地方。"我自始至终没敢多话，除大喜过望，着实有几分紧张，没在叶老书房耽搁，便连连称谢告辞。寿康先生则向那位老总频道辛苦，并把《作文讲话》稿交给他。

一切似乎圆满，但总感觉好像有什么地方不大对。刚落座时，那位老总热情插话，但后来没听他说过什么。回来后，我静等两周，没出版社任何消息。寿康先生觉得蹊跷，便让我直接找老总本人问问。那时电话不便，我只能估摸下班时间，去门口专等。终于见到本人，但我大失所望。他只冷冷地回复我两句话：叶老批评过"审题"，这份《作文讲话》稿不能用。完了！我怔了片刻，只好索稿退出。令我不解的是，那天他在座，莫非先生与叶老那番对话他竟没听懂？要么，嫌我没把叶老"答友人书"的举例补进书稿？总之，面对这么一位比我大二十多岁的长者，哪有我置喙余地？

第二天，我向寿康先生汇报了碰壁经过，先生很意外，但稍做沉吟，便嘱我把稿子送崇文门外东兴隆街的北京出版社，面交白波。先生说，书名可改为《中学作文讲话》，并说他立即重新写篇序言，随后寄去。

白波是北京出版社总编，见稿大喜，以最快速度出版，第一次即印了116万册，后又追加30万册。这个推动力超乎寻常。后来四中语文教研活动的深度推进，寿康先生厥功甚伟！

三

寿康先生博览群书，文思极敏，擅旧体诗，擅散文，但仅偶一为之，而以大量时间精力，致力于学术论著。

学术性论著很难写，因为既要经得起验证，不容率性发挥，又要有真知灼见，言人之所未道。而先生学术论著甚丰，改革开放以后，厚积薄发，更是惊人。先生的论著，一秉经世致用传统。在语法学上他突出汉语"结构"的研究，影响很大，对汉语语法与汉语实际应用的结合，功不可没。先生关于"文章学"的研究，更具开创性。我国高校把"文章学"列为一门课程，实自先生始。尽管在学术界，很多人对"文章学"能不能作为一门学问，至今仍存异议，以为"文章"的内涵、外延不够清晰。诚然，若以现代文体学的研究作为标准，那么这一异议并非没有道理。但先生曾说过：第一，"文章"作为指称作品的说法，已沿用了两千年以上。第二，如果"切"两刀，把"韵文"排除，再把纯虚构、与实际需要说不清有哪些联系的作品暂时排除，那么"文章"所指对象还是异常丰富且相当清晰的。先生所言极是。这反映了先生从实际出发进行学术研究的胆识。

我对先生的文章学理解不深，但先生以简驭繁，二十多年间，反复谈及观点材料、层次布局、语言语境诸要素及相关规律的研究，这无疑是文章学精华，有着重要的现实意义和指导意义。本文前面说到语文前辈们讲授作品的发力点，总是在"作品内在逻辑与语言运用的结合上"，这点发现，便得益于先生的文章学思想。从语文教学实际来看，倘若让学生跟着现代文体论的名词术语跑下去，恐怕要兜很大圈子，还离"读懂"很远。

若从教师写作来看，我觉得先生对文章以简驭繁的研究，也极有价值。我写作能力一般，疏于动笔，先生对此有所察，故每有督促。一次，先生说黄宗羲的《原君》刚入选教材，《中学语文教学》想发些相关稿件，让我写篇试试。我从没写过研究古代作家作品的文章，当时关于黄宗羲的现成参考很少，但我知道，这是先生要"考"我，只得鼓起勇气应试。

《怎样分析〈原君〉的民主思想》便是这样写出来的。先生大致浏览了稿子，满意地笑了。不久即刊于《中学语文教学》（1981年第8期）。这篇文章很难说写得怎么好，但我自信能及格，因为在"观点""材料"上，我确是下了大力气。谈黄宗羲，不能不谈其"民主思想"。如果说黄宗羲不如后于他的西方现代民主思想家，那一定合乎某些学者的口味，但我觉与事实不符，很不情愿，可我哪有资格和人家"叫板"？所以我只得少谈"怎样评价"。而且，若要说用历史主义观点看待黄宗羲的民主思想，所涉及的问题又太多，即使写出来，篇幅也过于庞大。而根据我对"课文"和黄宗羲相关作品的掌握，若把文章做在"怎样分析"上，庶几可实现观点材料的统一。我这点苦心，估计先生一眼便已看清，故示嘉许。

而差可告慰先生的是，这篇文章的观点，今天仍可参考。这也愈使我确信先生文章学思想的重要价值。现在自媒体发达，海量文章，动辄万字，但若从观点材料上看，恐怕站不住、不及格的，难以计数。这大概也可说明，先生"文章学"思想仍具有的很大现实意义。

大约在1990年，先生约我去见他。我说了些工作忙之类的话诉苦，先生忽发感慨："现在是好时候啊，既能读书，又能写书，夫复何求！"这令我大感惭愧。因为先生比我忙得多，除了教学，还要负责首师大学报、《中学语文教学》杂志，校外则主持北京语言学会的纷繁工作，参加各种学术活动、社会活动，从早到晚，马不停蹄，但仍不懈于著述。他把写作安排在早上5点至7点，雷打不动。

也许是先生看到我写的几篇关于培养阅读能力的文章，他说想约我，再约吴思敬，一块研究一下能不能从"读"文章、"写"文章两方面，把"文章学"进一步联系实际应用加以阐述。我感到可行，但表示要认真系统地再读先生有关著述，才说得出具体想法。先生认为很好，约定再议。但谁知天不假年，先生竟遽归道山！

先生对我在写作上的督促，让我深深体会到，尽管教学、教研都与"读写"紧密相关，但都不能代替语文教师个人的阅读写作。教师只有在读书写作上不懈努力，才会在教学、教研上有更多的创造。

对语文教师来说，有时"写"的重要性超过"读"。这一点，我在1981年以后意识得更清楚，认真写作，利于促进阅读能力的进一步提高。因为，若不在观点、材料和表达上翻来覆去"跟自己过不去"，并且终于可以"及格"，那么读别人的作品，便很难有更敏锐的辨识。对一篇作品写的是什么，何以这样写——亦即其思想认知与语文应用的内在逻辑，只有自己多所历练，才会看得更清楚。我想，这就是先生言教、身教所昭示的语文教学之道吧。

寿康先生对我教诲很多，而在语文教学之道上，对我帮助最直接。先生逝去愈久，留下印痕愈深。

当前已是"5G"时代，今天的语文教学，与先生在世时已有很大不同。语文教师队伍壮大，才俊辈出，现代化的技术水平更是三十年前所难以想象。相信坚持文化自信、弘扬语文教学之道的人会越来越多。他们潜心研究教学，不断优化教学实践，而不惑于夸夸其谈；他们在读书、作文、做人方面的不懈追求，一定会结出更丰硕的果实！

寿康先生西去已届三十年。先生深刻影响了一代代语文教师，薪尽火传，"道之所存，师之所存"。在语文教学之道的弘扬中，先生笑影，无所不在。

2017年11月初稿

2021年7月修订

三、语文应用觅真诠

——《语文是百科之母例说》序

《语文是百科之母例说》[①]反映了语文方面丰富的学术实践与研究成果。20世纪80年代,博先的学术实践与叶圣陶等一大批前辈名家的活动密切交织。书中这些丰富的内容,诠释了"语文是百科之母",更回答了"语文应用"的诸多问题。前事不忘,后事之师。相信关心语文的读者一定会认同这本书的重要价值。

一

语文应用涉及国家的语文政策,囊括着语文教学,也涉及语言、文字等其他各种学问,不仅与专业语文工作者关系密切,也与直接、间接以语文为载体达成信息交流需要的每一个人紧密相关。两千年前秦始皇统一文字,中华人民共和国成立七十年来,制定并不断完善关于语言文字的一系列政策规定,都足以说明语文应用对国家文明构建多么重要。当前的世界正经历百年变局,在求新与粗鄙并存、高尚与无耻混杂的话语环境中,高度重视语文应用非常之重要。这关系到国家的进一步统一和强大,关系到经济高速发展和社会

[①]《语文是百科之母例说》,作者奚博先,北京市社会科学界联合会研究员,北京语言学会前负责人。

有效治理，关系到党的初衷、梦想的实现和中华民族子孙万代的幸福。想到这些，我强烈感受到博先完成这本著述时的炽烈情怀。

这本书与一般学术专著有别。许多学术专著重演绎，而博先这本书重归纳，与实际联系更紧密。语文应用包罗万象。国家政策、语文教学、语言、文字、文史哲、理化生以及其他种种学问，无不在语文应用中呈现，但它们分处于不同层面不同维度，若熔于一炉，进一步去抽象概括，加之以"形而上"的演绎，或令人很难读懂。本书不是这样。这本书无一章不从实际出发，无处不植根于实际，既充分说明语文应用滋养百科，又说明其自身并非百科之一。若把语文"窄化""矮化"为百科之一的附庸，语文应用水平一定很难提高。明确这一点，将更利于深入、广泛地推进语文应用的研究。语文源于社会实践，服务于社会实践，语文的生命力存活于语文应用的不断优化之中。若如此认识语文，那么我国的语文应用水平必将更快提高。

这本书立意鲜明，内容翔实生动，知识性强，一章一节一片段，均可予人启发。比如，中国人本犯不上过分看重"圣诞节"，却有不少人热衷于"圣诞"，且热度颇高。里面的原因固然多，但语文应用水平低，恐怕是很重要的原因。书中把这类问题归之于"语文环保"。重视环保，不能只宏论垃圾分类，要紧的还在于把垃圾一一清除，"圣诞"不过是极小一例。书中类似的实例，俯拾皆是。如果大家都来切实解决语文应用中的实际问题，真是善莫大焉。乐意关注语文应用的读者，读这本书定会开卷有益。

自然，书中叙及的重大事例尤应予以关注，国际性活动中的语文应用就更不允许失误。兹事体大而貌似细小，说清不易而解决更难。比如书中以不少篇幅谈到运动员名字的拼写问题，便为我们提供了十分重要的借鉴。

　　以上说的种种事实，值得深思处很多，有三个方面，我以为有关方面宜特别关注。一是语文工作者的精神。如叶圣陶、吕叔湘、张志公等前辈，人们或尚熟知，而有的则已知之者甚少，如陈原、张寿康、许国璋等诸位先生。书中写到陈原先生以古稀之年而徒步考察好几条大街每一家店铺每一块招牌上的语文应用，令人动容，这种精神正是优秀语文工作者的本色。读这本书，重温专家们的深邃见解，固可获益，而他们心系家国、为祖国语言纯洁健康孜孜以求的实践精神，更应大力弘扬。这应是把语文应用问题解决好的最重要经验。二是工作机制。语文应用是桩大事，却很容易被视为专业性很强的枝节。若无各方通力协作的机制，便很难清除语文应用中种种"垃圾现象"。万一处理不好，说不定会给今后带来难以承受之重，当然，但愿这种担心多余。三是风气。语文应用与各层面、各类部门息息相关，而各层面、各类部门差异很大。倘若"一把抓"，做表面文章，谁都会觉得意义不大。而从实际出发，使大多数人不断增强语文应用的自觉性，就必须树立语文应用的良好风气，必须不断增强这方面工作的力度。树立一种好风气，"百年毕世"犹嫌不足，若败坏它则"一朝一夕"便已足够！

　　语文应用方面工作的加强，任重道远！

二

　　这本书，语文教师可参考的地方非常多，仅以"称谓"而言，便值得做个"索引"备用。但我觉得，书中很多内容对语文教学在整体上的指导意义，更当充分重视。

　　我国语文教学的历史已逾百年，20世纪80年代至90年代尤其重要。那个时期，叶圣陶、吕叔湘、张志公等前辈专家历经几十年崎岖探索，学术水平已臻炉火纯青。在他们引领下，那时的语文教学观念，向前推进了一大步。这就是读、写、听、说的语文实践，被明确列为语文教学的主体内容。换句话说，就是语文教学要把读、写、听、说这些语文应用的实践活动抓好，而不是像过去那样翻来覆去地重复"教师讲文章、学生写作文"的单一模式。如果我们把20世纪80年代人教社的语文课本与之前的课本对照一下，这是不难看清的。20世纪80年代至90年代，是我国语文教学发展的黄金时期，涌现了以于漪为代表的一大批优秀语文教师，这与那时语文教学观念的进一步明确有很大关系。

这本书的大部分内容，不是直接谈语文教学，但却包含着语文教学。语文教学，就是"语文应用"的教与学。读、写、听、说，都是"语文应用"的具体方式。基础教育阶段，要让师、生把读、写、听、说的实践真正搞好，语文教学质量才能提高，语文教学也才能起到帮助学生把"百科"学得更好的作用。这本书集中反映了20世纪80年代至90年代我国第一流语文专家的语文应用思想，反映了他们的文化自信和不遗余力的实践、探索。该书既包含这方面十分难得的历史文献，也对语文教师进一步明确教学思想有很强的现实意义。

书中叙及叶圣陶所讲的"诚于中而形于外"，便极为重要。

这是叶老在"礼貌语言座谈会"上发言的开篇之语。那天阳光很好，叶老坐在政协礼堂会议室窗前，几乎是一字一顿讲了这句话。我坐在会议室门边，看着叶老凝重的神情，深感叶老担心"礼貌语言"仅走走"形式"，同时也深感叶老一语千钧，点透了提高语文应用水平的症结。

"诚"属于"太上立德"范畴,犹逾于立言、立功,适用于所有的语文应用。"诚于中而形于外"道出了礼貌语言的本质,但又不仅于礼貌语言。

我想到个细节,也许能说明它的普遍意义。20世纪90年代,江泽民主席曾到北京四中调研。与教师座谈完毕,学校早备好笔墨纸砚,请求题词。江主席推辞不过,答应签字,挥毫写下"江泽民,某年、月、日,于北京——",蓦然止笔。喃喃自语。我在近旁听得清,是叮嘱自己"莫写错别字"。他凝了凝神,挥毫写下"第四中学"。我猜他在斟酌写"四中"还是"第四中学",后者郑重,但"第"字容易出毛病,"竹"头和"草"头,"第"和"苐",易混淆。这个细节完全可说明,"诚于中而形于外",在语文应用中无所不在。

在语文教学中,教师与学生的读、写、听、说,都是语文应用实践,"诚中形外"无疑应贯彻始终。"修辞立其诚"是中华文明的优良传统,"诚于中而形于外"是换个角度的阐释,都是引领语文应用的箴言。语文教学中大量的读、写、听、说活动,若养成"出之以诚、秉之以敬"的习惯,育人"人道"不在其中吗?

不过自古以来,语文应用中既有"修辞立诚"的精华,也不缺反其道而行的糟粕。《颜氏家训》说:"齐朝有一士大夫,尝谓吾曰:'我有一儿,年已十七,颇晓书疏。教其鲜卑语及弹琵琶,稍欲通解,以此伏事公卿,无不宠爱。'……若由此业,自致卿相,亦不愿汝曹为之。"颜之推生活在北朝后期。北魏分裂为西魏、东魏,北周、北齐,七十多年前魏孝文帝改革,推行汉语,早被复辟势力中止,北齐的高官显宦无不操鲜卑语。那位"士大夫"对孩子的语文教育,可谓无耻于中而得意于外。颜之推嘱咐子孙警惕,我们今天的语文教学难道不该警惕吗？属于糟粕的"语文应用观"不胫而走啊！

博先这本书，谈及滥用英语、港台腔等问题，我想他的意思是希望今天的语文工作者要在抵制糟粕上多一些担当！语文教师应把叶圣老"诚于中而形于外"当作指导思想，让语文教学成为语文应用的一方净土、沃土，那么学生必将多一分担当，更健康地成长。

三

20世纪80年代，博先受北京市"社科联"委派，组织语文界开展了大量活动，卓有成效，这本书虽只反映了其中很少部分，但当时盛况，很多人还记忆犹新。而当时实际组织者仅博先一人，无手机，无汽车，与有些"大牌"专家电话联系怎好意思让人家跑到街上去接公用电话？于是博先喊几个老同学来跑腿，分担烦琐事务。我欣然领命。得闻前辈謦欬，亦一幸事！读这本书，我感到很亲切，前辈音容恍如昨日。而吕叔湘先生"论"备课的一句话，更无时不敢或忘。

20世纪60年代，我读吕先生几篇"讲座"稿，突出印象是用语平和，善于用让人听得最明白、最容易接受的话予人启迪。我一直在想，吕先生是怎么备课的呢？没想到给博先打杂，这问题竟豁然而解。

在社科联支持下，博先决定在物资部礼堂举办关于语文教学的系列讲座，请诸前辈一周一人一讲。前辈们很重视，但听说有上千人来听，又不免对"怎么讲"感到踌躇。于是博先请专家们聚会——其实是集体备课。王力、周祖谟、俞敏、胡明扬、周振甫诸位先后谈了想法。吕先生最后说，最为简单。他说"各位把自己

'拿手'的讲好就行了"。我正在一旁端茶伺候，这句话令我顿有所悟。

先得有"拿手"的东西，然后再让人明白，就好了。那么，吕先生"拿手"的东西是什么？

物资礼堂那次讲座，吕先生用"'把'字句"说明怎样给学生讲语法。自始至终，先生根本不提语法学的专词术语，只是结合一些"'把'字句"实例，与大家一起研究，看"把"字用在什么位置效果会如何；研究某个意思的表达，用或不用"'把'字句"有什么区别，等等。这些问题都是我平时没怎么想过的。这次课我听得明明白白，不单对怎么斟酌词句增加了不少感悟，也明白了吕先生的"拿手"东西——对"语文应用实例"揣摩得特别透，既能款款道来，又恰到好处。或者说，透彻掌握语文应用实例，使之恰当地出之于自己的语文应用，就是吕先生备课法门。

博先这本书，有的地方容易被忽略。书中礼貌语言座谈会上吕先生书面发言的后面，博先有段长长的说明，其中说："吕先生当时用比较长的时间谈了当时一个长篇小说联播节目，强调了小说塑造人物的手段是多种多样的，不一定老要用粗话……"这段不起眼的说明，点出了吕先生"拿手"的东西在哪儿。

吕先生从不吝在语文实例上下功夫，这是吕先生求真务实、率先垂范的一贯作风。那个"长篇小说联播节目"，他必是很认真地琢磨了其中的语文应用。吕先生从实际出发，必得有所见，且见得透，有益于人，方肯讲几句什么，绝不敷衍。

吕先生学术深湛，在理论和事实哪个更重要的问题上讲过一个有趣的故事。他说，明朝有两位理学家，一位讥笑另一位"只有一屋子散钱，可是没有一根钱串子（绳子）"，意思是没有大道理把所讲的许多事情贯通起来。另一位针锋相对，说"你倒是有一屋子钱串子，可惜一个散钱也没有"。吕先生以为，有成串的钱当然很有用，但若二者不可得兼，那么散钱虽然不便携带，一个钱还有一个钱的用处，光有绳子可是毫无用处。（见《吕叔湘语文论集》第5页）

　　语文教师备课也是这样。一定要把积"钱"功夫下足。一篇文章揣摩得透透的，算一枚"大钱"；一两个片段揣摩得透透的，算一枚"中钱"；一句话几句话揣摩得透透的，算一枚"小钱"。总得有几百枚属于自己的钱才能穿成几串。但教师工作千头万绪，一个学期能把两三篇文章揣摩得透透的，已属不易，非坚持三五年，难入顺境，这是我的体会。但现在有些学校，让教师每堂课提交一份贯彻这个论、那个论的"教案"。一份教案的教学目标写了七八百字，这论那论越说越乱，这不是让教师天天在那里鼓捣一堆毫无用处的"绳子"吗？

　　吕先生在世时，信息技术还没怎么用，组织学生学习的手段十分有限，现在学校现代化程度很高，组织学生学习的便捷条件恐怕吕先生想都想不到。但他的"备课法门"依然管用。若加三个字："……使之恰当地出之于自己（或学生）的语文应用"，就更管用。

　　我一辈子教语文，对语文应用有些感悟，但精力日衰，对当下语文应用的多样化颇多眼花缭乱之惑，以上所谈远不能尽道本书真诠。博先学术造诣深，四十年前即为我辈所难及，近二十年虽病痛缠身，艰于动作，而仍以惊人毅力抗争病患，著述不辍，令人钦佩莫名。值此大作付梓，不揣愚蒙而为序，谨遵所嘱，敬祷康复云。

2020年11月18日初稿
29日三稿

四、影响深的人和事

——忆俞汝霖、张志公先生

一

最先想到的,是刚当语文教师的事。那时我从师院毕业,分到北京四中语文组,一下子认识了那么多热情的同事,初来乍到的我,自然也密切关注他们。一段时间后,我发现最令我关注的,是主管教学的副校长俞汝霖先生。

那时俞校长40来岁,语文组里比他年长的有好多位,但一说到"俞校长"莫不肃然起敬。组长焦小石先生已过六旬,早就是北京市有名的老教师,但每提到俞校长则由衷钦佩:"那是真正的语文专家!"50多岁的程老师,年轻时是诗人,年纪大了酷爱书法,广蒐名帖,每日临摹,出手不凡。我觉得这辈子要把字练到程老师水平怕是奢望。可程老师却说俞校长的字有真功夫,他只配当俞校长的学生。不过我始终没见俞校长演示过书法。从用圆珠笔写的字来看,他似乎精研过智永《千字文》。直到前几年,俞校长已近九旬,四中请他把当年"四中课堂教学十大原则"题写出来,镌刻在教学楼门前西墙上,我才第一次欣赏到他的书法作品。循序渐进,举一反三,深入浅出,直观形象,文以载道,温故知新,循循善诱,有的放矢,因材施教,教学相长——这40个字,个个笔力道劲，"智永"神韵跃然。

俞校长不苟言笑。到组里参加会议，总是正襟危坐，静听老师们发言。老师们都坐在办公桌后，他却坐在临时放在门边的凳子上。他坐姿很特别，左腿搭在右腿上，但不是跷"二郎腿"。他的左脚盘到右小腿后面，脚尖紧抵住小腿肚，双手交叉抱扶左膝。腰板挺直，安详自然，长时间姿势不变。

他虽木讷少言，但腹藏锦绣。刚到四中不久，听说前一年，组里请某高校古典文学名家来讲学，这位名家一再说，用不着请他，他讲的俞校长都讲得了——俞校长是他极佩服的大学同学，真人不露相！后来，大概是两年后，我直接领教了"真人"的学问。

那时语文组不定期举办讲座，出海报，下午四点以后举行，学生自由参加。给我印象最深的，是张铁铮先生讲鲁迅。铁铮先生比我大15岁，大家都知道他对鲁迅有研究。那天礼堂坐得满满的，他站在台上，并无讲稿，以略带东北味的普通话款款而谈。最吸引人的，是他的讲述随时穿插鲁迅诗文，有时是整段整段文字的精准复述。一个多小时的讲座，将近40分钟是学生"直击"鲁迅原著，很过瘾。我也忝列讲座主讲人，给我的题目是"胡乔木诗词"。当时《人民日报》第8版刊登了胡乔木的几十首旧体诗词，学生很感兴趣。因无任何资料参考，我备课只能求助工具书。但终于卡在"甘人虎豹"一句上。《辞源》《辞海》《佩文韵府》《子史精华》均无从索解。请教几位老先生，也摇头。于是请教俞校长。他略定神，说："查查《天问》或者《招魂》吧，仿佛有'虎豹九关，啄害下人些'，还有什么'此皆甘人'之类的话，记不准了。"我连日求索、渺不可寻的答案，人家唾手即得，不费吹灰之力，这就是真学问。回去一翻《楚辞》，《招魂》里悲怀王入秦的那几段，果然有其地虎豹盘踞、以食人为甘的词句。

俞校长是把书读"通"的人。他深明语文学习的规律，对语文教学极富卓见，不肯搬用当时流行的套话。他的几段"语录"，给我印象极深。

那时四中对新教师，要由领导"抽听"几次课。事先不通知，上课时领导已坐在教室后面。听完并不说什么。主管教学的校长、主任、副主任，分别听一次，之后他们商量，决定下一年你的去留，或者决定你教几年级。一位老教师悄悄告诉我这一不成文的程序，我颇有几分紧张。于是有次在校园里遇到俞校长，我便向他请教，什么样的课是"好课"。他说："学生乐意听就行，要是下课还愿意自己把课文好好看一遍，那就是最好的语文课。"太精要了！先得让学生乐意上课，如果学生烦你，就坏了。至于课怎么上，并不重要，重要的是效果。效果并不在乎课上出多少彩，而是看学生能不能自己好好去看书。张铁铮讲鲁迅，引起人们"直击"鲁迅原文的兴趣；俞校长回答我的请教，使我把《天问》《招魂》都通读了一遍。这就是效果。引导学生学语文最要紧的效果，就是要使学生自己肯去好好读书。

俞校长常组织教师听课。校外的语文课，他常推崇霍懋征、郭崇元。霍是小学老师，她的课给人最深的印象是，一节课轻轻松松上完了，学生不知不觉就把课文牢牢背诵下来了。郭是中学老师，听他上鲁迅的《风波》，着力点始终放在怎样把学生引向对作品中那些精彩描写的关注、熟记和领悟上。

一次，俞校长应一位老师之邀去听她的课，我也去了。这位老师备课极认真，把"教参"里的课文分析钻研得很详尽，还有所订正补充。我听的感觉是"很累"。一节课翻来覆去是在200来字的一个段落上进行分析。段内的几个层次该怎么划分，每个小层次连接得怎么紧凑，小层次里的句子各强调了什么意思，句子里的关键词在哪儿，讲得巨细无遗。以致老师讲的时候你若稍稍走点神，接下去就不知道老师在讲什么了。听完走出教室，俞校长始终没说话。走出教学楼，才轻声说："还是粗线条好。"我理解他的意思，是主张引导学生"读课文"，学生读课文才是重中之重，若是只由老师一味地细致分析就喧宾夺主了。

俞校长曾让我做"观摩课"。那次是由他指定我怎么做。他说："你来上一次让学生自己读书的课——就让学生读书。你讲和学生发言时间不许超过15分钟，要保证学生30分钟自己读书。我组织全体老师来听课。"我说："让老师们枯坐30分钟，这怎么行？"他说："这你不用管，是我的事。"这次研究课就这样办了，事后学生没有不良反应。老师们碍于校长面子，在组会上也没人公开否定，但似乎并不以为然。那时俞校长已年近退休。我赞成他的主张，但感到在45分钟一节课的条件下，实行起来的确困难很大。这大概是日后我萌生以"虚拟教室"整合"现实课堂"想法的最初动因。

俞校长曾用张英的见解来阐明他的主张。张英是康熙时著名学者，他的儿子是张廷玉，看过电视剧《雍正王朝》的都知道。张英主持编定过《一统志》《渊鉴类函》等典籍。他说，读过一篇好文章，假若"不能举其词，谓之画饼充饥；能举其词而不能运用，谓之食物不化。二者其去枵腹无异。"俞校长认为张英这话说得透彻、形象。如果课文里面的话是怎么说的全不记得，或者虽能记得，但一用就不对了，那其实都等于没读，肚里还是空空如也。

俞校长对我国传统教育的研究卓有见地，但不喜放言宏论。他系统听四中老师们的课，总结北京四中教学十大原则，是我到四中之前的事情。他的个人专著，唯退休后河北出版社给出过一本《智者的箴言》，凡20万字，述而不作。"箴言"，即含有劝诫警醒意味的话。全书分读书方法、教学方法、教子方法三部分，辑录了中国古代自孔子以来到成就不低于张英的"智者"100余人的语录400多条。每条加简注，简述大意。这本书不同于名言辞典，这都是俞校长深感受益、努力化用过的教学教育观点。

我的语文教学只从中攫取涓滴，已感获益无穷。智者们的文章道德，高山仰止，永远是中国语文教育的宝贵财富！

二

想到俞校长，就想到与他属于同辈人的志公先生。张志公、俞汝霖两位先生，年相若，而治学路数完全不同。

有的学者，治学从不懈怠，但很少写文章。他们潜心读书，格物明理，视治学犹修身，厚养仁德，践行诚敬。小学时，我住的那个院里有位林宰平老先生，学问渊深，梁启超《饮冰室全集》的编纂就是梁指定由他负责完成的。林老起得早，打太极拳，搓冷水澡，治学不辍，有得辄记，但著述极少。我读大学后曾专门到图书馆查过林老著述，查不到。后听林老夫人说"先生但觉前人已曾言及，便不肯再写成文章了"。这是"雕龙"而不"雕虫"的学者，"著书非为稻粱谋"是他们恪守的准则。但有的学者并不这样。他们积累精勤，文笔敏捷，著述甚丰，在学术体系的建构和学术普及上卓有成就。这种治学，著名语言学家王力先生谓之"龙虫并雕"。俞校长走的大概属前一种路子，志公先生走的则是后一种路子。

志公先生的一大贡献，是20世纪50年代主持建立了汉语教学语法系统。此前只有专家语法体系。王专家、李专家的语法学问各有所宗，各成体系，在大学里讲课各说各的，百花齐放。但这一来，语法知识的普及就有些麻烦。50年代初，《人民日报》社论倡导维护祖国语言文字健康发展，毛泽东也提出"学点语法，学点逻辑"的要求，于是普及一点语法知识成了当时的迫切需要。在这背景下，志公先生以其过人的才华，斟酌专家们的"语法"，创制了"暂拟教学语法系统"。这个系统供高校教学用，自然也为中学语文教学所参照。

　　我很赞同志公先生的治学主张。他重视普及，力图把专家的体系向联系实际方面转化。这是件不容易做好但却意义重大的事情。

　　我最早读志公先生的书，是他的《修辞概要》。这是本小册子，与多数讲修辞的专著完全不一样。多数讲修辞的书，都把修辞格作为重点。我当语文老师感到很烦的一件事就是讲"修辞格"。什么比喻、比拟，什么借喻、借代，其间的区别总有不易讲清的地方。况且讲清了如何，讲不清又如何？对多数学生并无实际意义。而志公先生这本书，根本不是讲修辞格。他着眼的是用词造句的一些基本问题，他把修辞与篇章、文风相联系，从实用方面来谈修辞。志公先生最初给这本小册子取的名字就叫"读写一助"。

　　志公先生治学的一个重点，是语文教学的科学化、现代化。他说，要"面向未来"，就不能不解决科学化、现代化问题。但母语教学怎么走科学化的路子，是个复杂问题。与志公先生同时期的一些很有造诣的专家，曾认为语法知识、文体知识、写作知识都已建立起知识系统，那么语文教学科学化，就是让学生系统地学这些知识，去迁移为能力。而志公先生的见解与之大不相同。他认为，语文教学科学化、现代化的方向没错,但必须解决知识是否"精要、好懂、管用"的问题。因为只有如此,知识才能有助于提高学生学语文的效率。没效率,哪儿还有什么科学化?的确,那些由专家精心构筑"板块"所搭建的知识系统,对中学生的读写活动实在距离太远。志公先生"文化大革命"后提出的这六个字,切中时弊,说出了语文老师的心里话,也是我对志公先生特别心仪的原因。

一次偶然机会,我得以和志公先生近距离接触。那是1984年7月,在庐山。当时由江西师大举办了一次大型语文教学研讨活动。有报告,有观摩课,有讨论。应邀前往的专家之一是志公先生,还有钱梦龙等一批名师,我则有幸叨陪末座。研讨活动近两周,内容充实,每天上下午两个单元安排得满满的,令我受益颇丰。受邀的这批人,被安排在一个旧别墅居住。我和钱老师等七八个"男生"睡外屋大房间,里面一小间是志公先生住。大间小间由一道玻璃门隔开。

志公先生白天和大家一道参加集体活动,晚上就关在小房间里写文章。他说,8月要召开一次汉藏语系语言的国际研讨会,他要把论文赶出来,7月底寄出。我想,每天活动这么多,不知志公先生这论文怎么写法。于是每天都忍不住透过玻璃门朝里面张望几眼。但一连几天,都没看见志公先生写什么,他好像是在那里拿扑克牌玩"开卦"游戏。细看,也不是,是他把一堆大小不同的纸片在桌上摆来摆去。大概摆了一个多星期,他向会议主持者请假,说要写文章,三天不参加集体活动。三天后,他请会务人员下山,把一篇一万多字的论文寄出。这是我目睹志公先生写论文的一次经历。志公先生说,那堆纸片,就是他的"卡片"。他的卡片没什么规格,有大有小,什么纸都有,福至心灵,偶有所得,便记下来,手边有什么纸片就记在什么纸片上，有的就是拆开的纸烟盒。这次临行前，他把与这篇论文有关的资料"卡片"都带来了。在桌上摆来摆去，就是确定用哪些材料，哪些材料可属同一类，哪些材料在论文里放在什么位置合适。这个反反复复斟酌的过程，就是敲定材料、观点和论文结构的过程。一旦敲定了，论文怎么写就好办了。

与志公先生这次近距离接触，使我明白了他的治学方法：随时留心各类事物，扎实积累素材，悉心消化第一手材料。不事积累，便无学术；不事融通，便不成学术。志公先生治学的根基，不是抄撮别人现成的东西。他那些大大小小的个性化卡片，都是他不断思考现实问题的心得。

志公先生的文章，深入浅出，从不搬弄深奥概念。非涉及不可的艰深概念，也说得明白好懂。他很喜欢引用一位西方哲人的话："再没有比把一个普通道理讲得让大家都不懂更容易的事，也再没有比把一个深刻道理讲得让大家都懂更难的事。"志公先生把做好这件难事当作他治学的不懈追求。

志公先生对社会、时代的进步，反应敏锐，对现实中需要解决的问题最感兴趣。多年前，他就以极大兴趣关注"人机对话"问题。而最令我感动的是，他对自己倾注大量心血的东西一旦发现不足，绝不故步自封。现代汉语教学语法系统成自他手，他是当然的维护者。但他说的"精要、好懂、管用"，恰含有某种自我否定的意思。

20世纪90年代初，民进中央在石家庄召开张志公学术思想研讨会，会前征集论文。我当时痛感语文学科知识负担过重的问题，根据对志公先生的理解，写了一篇文章，谈建立语言实际应用的知识系统。但拿不准是否与志公先生本意有所抵牾，于是登门请教。志公先生仔细读了我的文章，表示完全赞成，并提出一些补充意见。我问他对语法教学系统的不足，是什么时候觉察的。他说，50年代末期便有所觉察。当时教师们对新推出的语法教学系统不了解，北京市教师进修学校曾组织专门培训，每周日一次，连续一个学期，由他主讲。他从教师的反应里觉察到有问题，就专门组织一次调研会，请老师们谈意见。他从老师的意见里，归纳了教学语法系统有两点可取。一是改病句——改作文时遇到不通的地方，过去讲不出什么道理，学了语法，能从词法、句法上说出道理来。二是对付长句子——遇到意思不好把握的长句子，做点语法分析，意思就好把握了。除此，没什么别的用处了。如果仅仅为了解决这两个问题，用得着讲那么多系统性很强的理论概念吗？志公先生说，他所以讲"精要、好懂、管用"，就是深感那些不精要、不好懂、不管用的东西有问题。

　　志公先生有很深的苦恼。当时教学语法系统已被广为接受，专家们感兴趣的是怎样在语法理论上有所提升，实际应用的问题离专家们太远。我所钦佩的章熊大哥，不过说了句"淡化语法"，就引来一大片强烈反对之声。怎么在实际应用方面往前走，太难。

　　根据志公先生的启示，我曾把语言的实际应用归纳为六方面问题：简明扼要，适合语境，有的放矢，讲求分寸，注意场合，平实自然，并为人教社初中教材写了六篇短文，建议教学中从这六方面入手，帮学生提高语言实际应用水平。尽管当时人教社副总编辑刘国正先生对此极为赞成，但这与现成的语言知识系统，包括"语用学"系统，都不是一回事，在教学中似乎也很难推得动，终于没什么效果。这件事，一直想进一步向志公先生讨教，但他已重症缠身，只好搁下了。

志公先生住院期间念念不忘语文教学。他说，许多问题不是靠建立什么理论系统就解决得了的，要从实践中寻求办法。他认为学生读书、写作、演讲等各种语文实践活动应是语文教学的"主体"，究竟需要哪些知识，要以实践能力的养成为依归。如果学生没有充分的实践活动，母语能力很差，知识的问题就难以说清了。这种观点，他在1984年谈语文课程改革设想时曾谈到（见《张志公文集》第三卷33页），垂暮之年再次提及，惆怅之情溢于言表。

我在20世纪八九十年代对语文教改的思考，受志公先生极大启示。转瞬间二十几年过去了，教言在耳，怆然已矣！

2021年7月修订

五、前尘宛在迹犹存

——范静生① 和"尚志学会"② 大院

北京有些文化旧址，上演过不寻常的往事却鲜为人知。西城区便有这么个地方，在文化教育上开过全国风气之先，毛主席在这儿宴请过老友，而现在已不容易找到。这就是原和平门东顺城街47号、48号，20世纪初期"尚志学会"旧址。现在一个大菜场把前面整个堵死，笔者从胡同的后门进去，小径逼仄，垣墙隔阻，旧貌荡然。

这原是处"巨宅"。47号、48号是紧挨着的两个大门，各有门道、门房和一拉溜坐南朝北的南房。但南窗敞亮，阳光充足，没有一般南房的弊端。窗外两米宽的长条院子，院墙外才是顺城街。现

---

① 范源濂（1875—1927），字静生。近代教育家。湖南湘阴人。1911年任清华大学总办，1923年任北京师范大学校长。于1912年、1916年、1920年三度出任"中华民国"教育总长。1916年，范静生和蔡元培聘请陈独秀为北京大学文科长，李大钊为图书馆主任。此后为南开大学创建做出重要贡献。本文参考了吴家驹1944年《追忆范静生先生》一文，原件现存湖南省湘阴县档案馆。
② 原和平门东顺城街47号、48号，相传是咸丰年间某状元为其母养老而建，1909年范静生先生将此处盘下，创建了尚志学会。笔者28岁以前居住于此。

在大菜场把这儿封了个严实。

前门进去，是两套院落，虽各有前院、中院、里院、后院，但东西联通，构成整体。核心区有五座大北房，耳房都不小，或三四间或一两间不等。有的与东西厢房构成"四合院"，有的北房之间游廊贯通；有的并无厢房，而院子超大。院落之间由穿堂、垂花门、月亮门、花瓶门、角门或者夹道，相连相隔。各院花木繁多，布局错综。这样的巨宅，北京不算太多，是异于普通四合院的另一种宅院"标本"，不过现在什么都看不出来了。

这处巨宅，据说是咸丰年间某状元为其母养老而建，宣统元年（1909年）范静生先生盘下来，创建了尚志学会。范先生是位了不起的教育家，行止可钦，风范可敬，厥功至伟，可惜壮年早逝，如今知道的人已屈指可数。

办学先抓"法政"

范先生在这里创办尚志学会，以社会力量推动教育发展，是开风气之先的举措。他给尚志学会拟的章程，把增进德育、体育、智育规定为所"尚"之"职志"，其目光非寻常可比。1906年清政府废科举、兴学堂，而学堂怎么办却问题多多。比如建小学可招生，但建中学总不能等多少年再招生吧，有的"府"便向所属各"县"分摊，命令指派学生去中学上课。那时对新式学堂为何物，社会上并无概念。范先生1909年成立尚志学会，第一件事便是吸引人来课堂听课。他在47号开设了"法政讲习所"，邀集林宰平、吴家驹等六七位"海归"课堂授课。为什么先抓"法政"而不搞外语、算学？那时小学都没几所，哪有人学外语、算学？而范先生认为，"法政"常识可以让人明白权利与义务，没这方面常识就不够

"公民"资格，中国就不可能成为法治国家。这是人人该懂的重要道理，但真正懂得，并不容易，即使现在也还有很多人不懂。一百多年前，范先生便从"法政"入手，推动新式教育，这个"讲习所"，率先便向清政府官员普及法政常识。当时北京刚建"国立政法学堂"，但官员白天要上班，没法去上学，于是范先生便把这个讲习所办成夜校，让官员里有志气的，晚上来上课。"海归"们每晚义务讲课，不收学费，为期一年。尚志学会这第一炮打响了。每晚人员络绎，有时达数百人。学部侍郎（副部长）严修也常来听课。原47号的大门很宽，二道门可进车轿，里面是二十多米的条形前院。东山墙下花瓶门里面的中院则近乎花园，有百年海棠，有高逾五丈的三百年老榆树。前中两院房屋足够设七八间教室。若不是这样的院落，百十官员的补课班是办不成的。范先生盘下这处巨宅，用心相当缜密。

法政讲习所办了一年，尚志学会产生了很大影响。范先生便在此基础上正式开办了北京第一所私立学校，"尚志法政专门学校"。会员施今墨（即后来北京"四大名医"之首）则同时在太原设立尚志学会分会，附设女子学校及几所小学。第三年，即1912年，范先生请梁启超出任尚志学会会长，除法政专门学校之外，更在这儿设立"尚志医院"，凸显体育卫生之"职志"。

独一无二的"东屋"

47号有座专为办医院而改建的特别建筑，就是里院东屋。里院由丁字形游廊一分为三，丁字的一竖，连接东屋屋门。改建后的东屋，底座高出地面一米，高度与面积均远超北屋。东屋的门厅，左手是卫生间，安装了当时罕见的卫生设备，右手是工作间。正厅则为正方形，北、东、南三面窗户采光充分，高大而严实。窗下是暖气片，地面铺白瓷砖，屋下地窖子装锅炉，专为此屋供暖。这样的东屋，在北京老房子里可谓独一无二。原来这是为医院准备的手术室。这座特别建筑现在并没拆掉，但笔者从后门进去，已无法接近屋门。

东屋这番改建，费时有年。而大约在1918年前后，范先生赴美考察私立大学时，对尚志学会工作重点已有所调整，即重点搞文化编译交流，并办好法政专门学校，而尚志医院则缩小规模，仅在48号前院、中院继续办。20世纪北京"肛肠科"最著名的权威卢大夫，年轻时即曾在此供职。至于这间东屋便当做尚志学会的客厅。20世纪50年代初期，林宰平先生曾在此居住，墙上所悬蔡元培论"仁"的手书横幅，完好如初。陈毅元帅时任上海市市长，来京开会，曾专程来此拜访林老。

林宰平先生是梁启超极器重的弟子，《饮冰室全集》的编订，便指定其全权负责。林先生主持编译工作很有成效，出过"尚志学会丛书"几十种，俱为西洋、东洋学术名著，并主持《哲学评论》杂志。这是当时国内最重要的学术刊物，每年刊出一卷。大家所熟知的哲学家冯友兰先生，彼时年轻，颇得此平台之助力。当时西方著名学者如罗素、杜威等来华，均由尚志学会接待并安排学术讲演活动。

旧官吏致力新教育

范先生办的这些事业，无疑开一代风气，泽被后人。但定然所费不赀。仅东屋改建一项，当时便是很大工程。而各项文化事业，耗资多而无钱可赚，这是很多人所难以理解的。人们一定要问，范先生究竟何许人?

范源濂,字静生,湖南人,1875年生。年幼孤贫,敏达好学。在戊戌变法全盛时期考上长沙时务学堂。学堂总教习是梁启超。黄兴、蔡锷、唐才常等则都是周围的活跃分子。梁启超对范先生很赏识,以"国士"相期许。变法失败后,梁启超逃亡日本,范先生得其信息后亦秘密筹资赴日。经梁启超介绍,范先生夜以继日学习日文、学习科学,两个多月即能译介日刊新作,经梁启超略加润色,上海书局便争相求购,收入不菲。而范先生生活简朴,所得费用除奉寄母亲,便资助同学,益为梁启超所敬。1900年,八国联军攻占北京,慈禧逃西安,国内动荡,唐才常等在武汉联络帮会,谋划起事。范先生闻讯很受鼓舞,立即回国。到武汉找到唐才常居所,却大感意外。一帮人在那里花天酒地,奢靡不堪。范先生略表不以为然,立遭攻击,有人骂"糊涂蛋",有人在墙上大书"圣贤范源濂",群起哗笑,令范无语,唐亦无可如何。范先生只好离去,先回湖南探母再说。不料风云突变,湖广总督原持观望态度,对唐才常等人举动故示优容,此刻突然变脸,将唐才常等一律斩决。而根据墙上五字,把范先生定为重要同党,严令扑杀。范先生在长沙城门看到通缉令,才知大势已去,不敢回家,装成赴南岳进香的香客,沿湘江逆流而上,从衡阳步行广州,再次东渡日本。

这次事件令范先生深受刺激,既痛同学英年惨死,更认定救国必须求得真正学识,于是恶补英文、数学,当年即考入日本师范的最高学府"东京高等师范学校"。这是范先生决心"教育救国"迈出的重要一步。而清廷遭八国联军重创后,亦不得不有所改革。到1905年,命严修筹设"学部",并决定1906年废止科举,兴办学堂。但满朝大员谁也说不清学堂究竟怎么办。当时留日学生很多,学师范者极少，精通教育者唯范静生一人。经严修力荐，范先生成为"学部"官员。当时革命党朋友对范先生接受清廷官职不以为然。范先生说，让接受新式教育的人多些，对建立新国家难道有坏处吗？革命党朋友无言以对。范先生便入"学部"为官，其官阶略相当于科、处级干部。当时办学堂，正所谓筚路蓝缕，诸如各级学校规程、教育人员任用考核等种种规划，包括清华学堂之筹建，乃至一份公文之拟制，大小具体事宜，都令官员们无从措手。严修几乎事事须靠"范处"谋划。而顺城街的尚志学会，则是"范处"工作之余的一项社会事务。

范先生在顺城街办尚志学会，同时在西单办蒙藏学院（当时叫"殖边学校"），都需大量资金。范先生学识才略受人仰慕，而他不打牌、不喝酒、不吸烟、不进戏园子，每日归家奉母，最感兴趣的消遣，是在家里自制动植物标本（范先生在高师学"生物学"，所制标本很专业）。范先生的人品学问有口皆碑，有钱的"贤达之士"，无不认为资助范先生绝对可以放心，故范先生办社会事业，资金是够用的。

辛亥革命后，范先生多次任教育总长。当时政局变幻无常，范先生每任总长时间都不长，但也做了许多大事。比如推行"注音字母"就惠及好几代人。现在的《汉语拼音方案》基本上是"注音字母"的现代版。当时政局腐败，大学资金拮据，教员往往开不出工资。范先生深感必须提高大学教育质量，乃经周密考察谋划，1918年筹办私立南开大学。1919年9月便录取了周恩来等第一批学生96名。提到南开创办，人们大多知道校长张伯苓。其实董事会的董事长是范源濂，严修则是董事。他们对南开大学的创建与发展都做出了不可磨灭的贡献。

范源濂是旧官吏，更是伟大的教育家，可以说是专为中国新式教育的开创来到世上走了一遭。尚志学会只是代表作之一而已。

旧迹并非不可寻

范先生1927年病逝，尚志学会资金不继，会务陆续止息，他所创办的法政专门学校，也于1935年停办。抗日战争到解放战争时期，47号、48号基本上是空院子，只有少数与学会有关的人在这里居住照看。1949年北京解放，尚志学会把48号前院、中院租给北京师范大学做教员宿舍，解决了"巨宅"每年雨季前修缮的费用问题。不久又在47号办了私立尚志小学。随着社会局面日益稳定，1955年，学会董事会决定，将这处巨宅的产权交房管局，小学交教育局，改名"和平门小学"，尚志学会则宣告完成历史使命。该次董事会，当时的全国政协副主席陈叔通为参与者之一。董事们一致认为，如此决定，完全符合范静生先生为国为民之初衷。

毛主席来到48号北师大宿舍，是解放初期的事。

那是春末夏初的一个下午，48号"尚志医院"门楼下，有十来个精悍的年轻人在聊天，服色一律，举止安详，颇不寻常。有人欲进去访友，被婉言劝阻，建议改日再来。有个小孩，从48号里院打算去中院看看，发现西角门已插上销子，内里有人站岗。

第二天，全院便传开了：昨天毛主席来了，还从饭庄叫了酒席，请大家吃晚饭。原来48号中院北房住的是北师大数学系主任汤璪真教授，南屋、西屋住的是著名数学家傅种孙先生、教育家董渭川先生。汤教授是毛主席湖南师范同学，毛主席专程前来拜望，耽搁的时间颇为不短，还派专人把黎锦熙接来入席。不过此事报刊上从无报道，当事人很少，外人不便深问。47号院的人们所知有限，也只议论几句而已。

前尘往事，雪泥鸿爪。尚志学会的旧事，随时光流逝将日益模糊。当年虽属巨宅，可现在一所平常小学的规模，都要胜过它好几倍。当年门前高大的城墙，连同和平门，早在五十年前都已不复存在，但以"和平门"命名的菜市场生意兴隆，规模不断扩大。尚志学会旧址湮灭与否，也许并不重要。旧迹难寻，但并非不可寻。先贤刻下甚深痕迹，历史不会遗忘，有志者不肯遗忘。相信像范先生这样的"国士"会越来越多，这不仅是梁启超当年的期望，更是中国教育的期望。

诗云：范公创学会，尚志开风气。硕儒掌教席，哲人演新义。泱泱我中华，自古多国士。后浪逐前浪，前贤当笑慰！

2016年12月

六、永不磨损的丰碑

——忆刘秀莹校长

刘秀莹校长离开我们远去，已有半年多了。我和许多同事都时时怀念她。

我在四中教课四十年，前后历经多位校领导，他们给老师们的许多帮助都令人难忘。但若论在教师心目中的崇高位置，能与刘秀莹校长并驾齐驱的，太少。这么说，也许不一定确切，但刘秀莹校长属于四中，她永远是北京四中的宝贵资源，生前是，今后仍然是。为了继承这份宝贵资源，使之发扬光大，我想从个人感受上做些回顾。刘校长在教师心中占有不寻常位置，绝非偶然，她的确是四中教师心中一座永不磨损的丰碑。

一位校长，让教师们感到可敬而可亲就很不易，让大家口服心服就更难。刘秀莹校长，恰恰是既可敬可亲，又令人由衷佩服。她平易近人，热忱和蔼，光明磊落。她口才未见得出众，但说话有分量。而老师们钦敬她，也并不在于她的"言"，而在于她的"行"。

我想起一件小事。那是三十年前一个星期三下午，地点就在语文教研组，是现在教学楼里的一间教室。

那时，每星期三下午四点以后是工会活动时间。四中工会组织了各种小组。我喜欢京剧，就参加了京剧组。语文组"戏迷"多，于是京剧活动就在语文教研组。不过京剧水平高的不是语文老师，挂"头牌"的，是历史组户老师。他擅"余派"老生、"杨派"武生，有登台实力。既有这样的高手带动，工会就从京剧院请了位退休琴师白老先生，届时操琴助兴。那天白老紧拉，老户慢唱，正在兴头上，刘校长悄悄进来了。老户一段唱毕，大家鼓掌，刘校长也连连夸赞。老户见刘校长夸赞，十分高兴，但出乎大家意外，老户虽满脸堆笑，却单刀直入："刘校长，您给大伙儿来一段怎么样？"

大家一愣，觉得人家刘校长会不会京剧都不知道，哪有你老户这样跟人家叫板的。一时屋里静了下来。但更出乎大家意外的是，刘校长略一沉吟，竟让老户出题："那你说，来哪段？"

见刘校长不忤，老户就进一步加码，一人唱不行了，老户要求和刘校长对唱："那咱就《坐宫》吧，我杨四郎，您铁镜，怎么样？"刘校长不含糊，笑笑说："行，万一我忘了词儿，你可提个醒啊。"于是白老响起过门，接着便是痛快淋漓的对唱，两位在调门上各不相让，又都字正腔圆，大家大饱了一番耳福。

刘校长与教师的联系，这件小事可见一斑。刘校长能唱京剧，还唱得这么好，大多数人，包括她很多老同学，并不知道。据她说，小时候听唱片，喜欢而已。工会京剧组她只来过这一次，与老户对垒也只是适逢其会，但却充分反映出她与教师们的和谐相处。

密切联系教师，是刘校长极看重的工作。但她很少把教师喊到校长室去谈话。十多年里，只喊我去过一次，是有件事上面急于征求意见。刘校长与广大教师建立密切联系，是通过日常的广泛接触。她利用一切可能与教师们交流、沟通。那些年，四中教工食堂地方小，多数教师把午餐拿回教研组去吃，刘校长也端着饭盒到组里，今天这组，明天那组，和老师们一块吃饭、聊天。当然，与教师更多的联系，是去班上听课，这也是她深入教学的主渠道。她每天要听好几节课。哪一科都听，语、数、外，理、化、生，史、地、政，音、体、美，她都内行，这在校领导中也是不多见的。她听各科的课，都能从教材、教法上，从内容的科学性上，与老师们进行实质性交流、朋友式探讨。老师们感受到的是尊重、期许。

刘校长深入教学，还把大量时间用于了解学生。她住在学校，早上很早就到教学楼里去转，看学生谁来得早，干些什么，也随便跟学生聊几句。对许多学生情况的掌握，她甚至超过了班主任。对许多教师的教学效果，她也在与学生的沟通中取得了深入了解。有时候，教师对自己的教学效果不一定很清楚，刘校长却知道。我就有这方面的深刻体会。

那是1985年一个旭日初升的早晨，我在校园里被刘校长喊住。她说，学生对你的课反映挺好，你知道他们最满意的地方在哪儿吗？我有些茫然。学生不讨厌我的课不就蛮好吗，最满意的地方在哪儿，实在没好好想过。于是刘校长向我转述了她与袁立同学的谈话。袁同学大意是说，上了十几年语文课，没听老师这么讲过，太有收获了。袁指的是我对课文的解读。不介绍作者，不讲述背景，不分段分层、概括大意。我和同学们一样，所面对的就是这么一段段文字，就从那些赫然在目、但并未引起同学们关注的词句上入手揣摩，于是作者要说的是什么意思、不是什么意思、一般意义之外还有什么特殊意义，明示信息之外还有哪些隐含信息，便大体明白了。如果要进一步弄清是不是确切把握了作者本意，就再结合点背景知识来印证。这么解读并不是我的发明。叶圣陶先生曾以《孔乙己》为例,给学员们实地这么"揣摩"过,有篇叫作《揣摩》的小文,记录下了揣摩经过。我有时也这么做,觉得挺好,但备课费力,偶一为之吧。经刘校长转述同学意见,我意识到,在语文前辈们浩如烟海的著述中,叶老的《揣摩》虽是篇小文,甚至多数文选都不收,但看来却最贴近学生实际阅读过程。这一触发太重要了。从那以后,我便把模拟学生阅读过程作为教学研究的方向,写过不少篇有点影响的论文。如果说我在阅读教学上有什么成果,那么这个旭日初升的早晨,我是绝不会忘记的。

刘校长教学素养高,但对教师的评估,没有个人好恶,也不纯从教师怎么讲课出发。她把学生的切身感受放在第一位。有的教师也许从来也没"做"过什么令大家拍案叫绝的所谓好课,但水平高,受学生欢迎,刘校长同样给以很好的评价。四中比较早就制定了学生评价教师的标准,建立了全面评价机制,其中融汇了刘校长大量心血。

教师工作很辛苦,遇到不懂教学还自以为是的领导,教师们很少顶撞,大多是敬而远之。而刘校长却深得"师"心。大家不仅钦佩她学识渊博,更钦佩她工作扎实深入,钦佩她公平、公正。刘校长既能给教师们切实帮助,又能与教师们零距离沟通,老师们的钦敬完全发自内心。

前面说到的老户,才华横溢,眼界也高。平时他若说某领导"人不坏""有点意思",就是难得的肯定。而对刘校长,他却几乎是全面佩服,常感叹:"刘校长可太不简单了。"他对刘校长有什么说什么,即使刘校长不同意他的见解,他也丝毫不改敬重之心。

另一个典型例子,是我们组老黄。黄老师过世好几年了。这是位学问渊博、见解深刻、性情直率的老同志。我刚到四中就听过黄老师的课，印象是，很有深度，但很没吸引力。后来与老黄接触多了才知道，他根本不屑在怎么"讲"上琢磨，他的理由是，"举一隅不以三隅反，则不复也。"这是《论语》里的话，意思是强调贵在自得，教师举其一，学习者当推知其三，自行思索有得，否则教师就不再一一告知（不复也）。老黄的理由很有见地，也不无片面性。其实大凡对某个问题独具只眼，见人所未见，往往容易有失偏颇。老黄一心希望把四中办好，但他这种个性，使他很长时期被边缘化。他对校领导素来口无遮拦。我从1963年到四中，二十年里没听他对什么人（自然包括校领导）赞许过。偶尔甩出句不满的话，必一针见血，直击要害。甚至在校门口当面喊住某领导，直呼其名责问："你说说，就凭你，能领导四中吗？"这么不留余地，太过分，但老黄不是不占理的。

就是这样一位几乎没法领导的老同志，对刘校长却表现出前所未有的尊重。在教研组每学期一次讨论学校工作的会上，老黄通常是不发言，闷头干别的事，若发言，不是措辞尖刻的质问，就是毁灭性的炮轰。但刘校长主持工作后，老黄破天荒以支持态度发言，而且不止一次。我曾戏问老黄："怎么啦，让人'如听仙乐耳暂明'哩？"

老黄郑重地说："少胡扯。人家真抓实干，当然得支持。"

刘校长内行、务实、深入，老黄非常认可，在组里备课、听课、评课等活动中，他都表现出空前的认真与积极。那时老黄已年近六十，患糖尿病，领导要减少他的工作量，他却坚持满工作量，但终因突发严重心脏病，不得不提前退休。

刘校长不仅令桀骜锋利的老教师折服，更为青年教师所爱戴。她常在星期天请青年教师去她家，亲自做饭招待，聊家常，了解有什么困难，设法帮助解决。青年老师说，他们特别感谢的是，刘校长能针对他们各自不同特点为他们今后的成长参谋规划，没半句空话套话。青年教师大多有一番抱负，但对自己怎样提高，怎样最能发挥自己的潜力，往往不清楚。有的在学科业务上潜力巨大，有的更擅长教学管理；有的长于抽象思维，有的善于情绪感染。各自优势不同，发展倾向也应有别，能自觉意识到这些，就能成长得更快。但刚大学毕业来四中的年轻人，往往不容易有清醒的自觉意识。而刘校长的启示正是及时雨。刘校长常谈到他们身边某某老师、某某老师有怎样怎样的突出优点。这些老教师虽然就在身边，但小青年们其实并不了解，甚至还有误解。刘校长这些针对性很强的指点，让青年教师非常解渴。当年的青年，如今已五十来岁了，说起刘校长二十年前的帮助，仍记忆犹新，感念不已。

这些年，人们常说"以人为本"。这句话，二十年前还没怎么流行，刘校长好像也没怎么说过。不过，说得好不如做得好。刘校长是把"以人为本"的精神，融汇在她的工作之中的。学校工作以学生为本，这无疑是以人为本。但教师呢，教师也是人，以教师为本也是以人为本，却是至今还常被某些人所忽略的。教育工作没搞好，动辄责怪教师，训斥教师，祭起西方夏来的半生不熟的理论唬人，很有点像毛主席所批评的"言必称希腊"那套把戏，很烦人。刘校长不说令人生厌的话，她既以学生为本，又以教师为本，实在是"以人为本"的出色践行者。

我国的传统文化，对"本"的问题一直很看重。孟子的"民为邦本"，说得何等好啊。刘校长熟悉我国的文化传统，不仅懂得民为邦本、本固邦宁，而且在工作中也深知学校工作必须以学生为本，以教师为本，"本"固就校宁，教育就良性发展，"本"不固，教育就会滑坡，就会乱。十年"文化大革命"破坏了教育，殷鉴不远。刘校长在"文化大革命"中深受迫害，"文化大革命"后来到四中，以全副精力投入工作，牢牢抓住了根本。四中在拨乱反正后蒸蒸日上，不能说这不是个重要原因。

今天，人们普遍重视传统文化的传承，是国家振兴的好兆头。但文化的传承，若仅挂在口头上，或者以为用峨冠大袖的古代服饰包装一下，就传承了，实在不妙。文化传承不是搞哗众取宠的表演，而在于践行传统文化的精神。记得某领导的秘书，曾几次三番来找刘校长，要为该领导子女上四中的事说项。刘校长始终拒之门外，不见！知道此事的老师莫不叫好。贫贱不移、威武不屈么！应当说，四中领导中有这种骨气的，不止刘秀莹同志一位。传统文化精粹在四中的传承是有基础的。但真正践行，也是要顶住巨大压力的。

有一次，学生把自己编印的刊物拿给我看，刊名"年轮"，两个楷体大字，工稳不俗。一问才知道，是他们请刘校长题的刊名。我从不知刘校长擅书法。但这两个字，整体上有颜真卿的厚重，运笔间又有几分赵孟頫的秀雅，这可不是谁下功夫都能练出来的。清初大学者傅青主说过：颜字难学，就像学正人君子，很难学得像；赵字易学，但弄不好就像"与匪人游"，会日趋流俗。文如其人，字也如其人。刘校长沉稳厚重，才气很高，她的墨迹中便透露出这种宝贵品质。于是我向刘校长求字，但刘校长说太忙，搁下了。退休后，刘校长身体一直不好，我也不敢再提此事。想不到二十年过去了，刘校长竟始终记得我这个不情之请。

那是2011年，农历辛卯。刘校长的病已经很重，吃不下饭，嘴唇乌青，语音微弱，去看望她也只敢简单说几句话，怕说多了她太累。医生早就说她必须透析，但一透析，就得频繁地烦劳别人送她去医院，刘校长不愿给他人带来太多麻烦，于是就靠药物勉强"撑"着，坚持不透析。有天，我忽然接到刘校长电话，说这几天精神还可以，总算写了张字，给我和我爱人留作纪念。写的是苏轼《前赤壁赋》，全文536个字，笔意贯通，一气呵成。很难想象，如此俊逸的长篇书法作品，竟出自备受沉疴折磨的八旬老人之手。只有一个解释，就是刘校长写这幅字的时候，全身心已融入苏东坡文中的超脱境界——薪尽火传，形逝神存，故"物与我皆无尽也"。现在每展读这幅作品，便令我感动不已。这里分明凝聚着刘校长对教师的尊重、对后来者的期许，浸透着对我国优秀传统文化的生命体验！

刘校长没有离去，她永远活在我们心中。

2014年6月

第四章　但求亦师亦友

师生关系，指教师与学生在教学活动中形成的关系。师生关系的状况，与教学质量关系极大。在班级教学条件下，这方面问题处理不好，会导致教学工作被动，而教师自己往往还不容易找到症结。

在教学活动中，"偏心"是教师大忌。即使教学水平很高的老师，倘若这方面出毛病，教学质量也必然大打折扣。只有公平、公正，才能令人心服、乐学。教师要一碗水端平，还要让"边缘化者""后进者"异峰突起，尽管这不太容易，但若教学方式得当，就不难不断出现令人"惊喜者"。这对形成良好的教学氛围非常重要。

教师要有高度责任感，但不能以"相信学生自主性"来取代自己的责任。教师的责任感不应是主观的，只有落实于学生才行。有时教师严格要求学生，自以为对学生负责，但学生并不买账，大抵是教师方面有毛病。"严格"并无不对，而是要求人家好好听、认真做的东西未必合理。教师以为天经地义，学生就一定认可吗？对教师的要求，学生厌烦甚至反感，教师又无从证明自己的要求对人家确有帮助，长此以往，师生关系就有危机。

大家都熟悉"官教兵,兵教官,兵教兵"的语录,听说过"教学相长"的名言,这些简明的话,把理想的师生关系说得很透。在语文教学中,教师应努力营造这种良性互动的局面,把处理好师生关系当成一门必修课。

"亦师亦友"是我心目中理想的师生关系。但并不容易做到。想受到尊重,但人家不认可怎么办;想让人信赖,但人家偏偏另有看法。遇到这类情形,只能反躬自省,以求化解。信陵君自带门客去救赵赴死,而被他破格礼遇的侯嬴却相当冷淡,令他失望,但他很快就想到,一定是自己有所失。这才有了"北救赵西却秦"的旷世之举。信陵君那样的反躬自省极其不易。但太史公这段故事给人的启示不止于此,何谓"知交"?什么是最可宝贵之友?都很耐寻味。语文老师对这方面的许多故事并不陌生,经常想想,师生之间"亦师亦友"也是可期的。

我在这方面需要鞭策自己之处甚多,所以说"但求"。后附几篇,大致反映此种心境,不揣愚陋而已。

一、最难风雨故人来

——《四中凝聚了我们》读后

《四中凝聚了我们》是本纪念册，也像四中的一册断代史。

北京四中1966届高三（5）班同学忆往事、怀母校，以丰富厚实的第一手资料，再现了四中1963年—1968年那个特殊历史时期的概貌，为"文化大革命"初期那段特殊历史时期留下了宝贵的实录，让那些日益淡忘的星星点点痕迹饱满起来，翔实起来，也让我一下子回到当年那些难忘的日子。

我不会忘记，在我从教第一年，面对这些刚进高一而激情满怀、才华各异的学生，我的内心是多么忐忑；我又怎能忘记，我居然担任了他们的班主任，对我这完全不懂"思想工作"为何物，连共青团也无缘加入的一介百姓来说，是多么陌生艰难、捉襟见肘；我更不会忘记，在"阶级斗争"日趋严峻到"文化大革命"一片大乱，方方面面一波强似一波的冲击无情袭来时，人们是何等猝不及防与瞠目结舌。而幸运的是，这许许多多难忘的往事，最终都转化为我不断成长的正能量，成为难得的营养。而所以会有这样的"转化"，高三（5）班同学对我的爱护、尊重，实在起了重要作用。即使是在大字报铺天盖地、老师们无不噤若寒蝉的时候，他们也十分友善，令我信赖。至今已阅五十载沧桑，但这种情谊恰如陈年老酒,历久弥醇。当我一口气把《四中凝聚了我们》读下来时,只觉如行山阴道上,景色分外宜人,而故人纷至沓来,一一晤谈,真是其乐也融融。古人云:"莫放春秋佳日过,最难风雨故人来。"诚哉斯言!故人情重,尤胜春秋佳日之乐;熟人话长,我又岂能已与言?

我特别赞成班长鲁啸威的话,高三(5)班"聚集的是一群意志坚定内心强大的人"。高三(5)班确乎有着超强的凝聚力,而意志坚定内心强大,正是其灵魂。

"即使坐在'末班车'上,也不放弃努力"是董志雄同学已过而立之年准备参加高考时的心情。他是著名翻译家之子,自然被"文化大革命"纳入了"另册"。但他说得好,"别把自己当回事"。也就是说,他对个人得失荣辱看得并不重,只要是国家需要,他便全力以赴,慨然担当。这大概是对内心强大最好的诠释。他不仅以极优异的成绩成为恢复高考后第一批大学生中的一员,而且始终以不断进取的精神投身于我国的冶金事业,多次胜出外国公司的竞争对手,业绩十分突出。

"我一直在和同学们找差距,努力向他们学习。"这是张垣同学的话。张垣同学个子矮,坐第一排,我一上讲台,就面对着他那双炯炯有神、充满渴求的眼睛。当年他给我最深的印象,是那么小的个子,居然百米能跑12秒。如今他已是离七十不远的人了,但说起当年诸多同窗令他折服之处,仍是如数家珍,而且认为这一切仍给他的晚年带来无限力量。如此坦言差距而不懈进取的心胸,难道不够强大吗!

令我感动的同学很多很多,我仿佛忽然遇到远赴东北兵团的武惠之,仍是当年那个和蔼朴实、没半点风风火火之气的军体委员。他被分配到条件十分艰苦的生产建设兵团，那里几乎没有文化生活，连队里一百多名知青，一早出工，下了班就无所事事，这种情况很不利成长。于是武惠之与鲁啸威、王增祥等决定，先把体育活动搞起来。他们说干就干，发动大家在早上上班前先义务劳动，挖树根，移乱石，填大坑，平洼地，又自行集资，买到价廉物美的篮球架。于是，连看台都有的篮球场就建了起来，符合标准的足球场、排球场、羽毛球场接着也建了起来，还搭建了许多乒乓球台。连队里的业余生活一下子丰富起来。运动场上生龙活虎，每逢比赛胜似过节。知青们的体育成绩也令人刮目相看。武惠之们白手起家，以不懈的艰苦奋斗换来生态环境的巨大变化，足以证明这是"一群意志坚定内心强大的人"。

高三（5）班是北京四中历届教学班中的一个普通班，当年意气风发的年轻人如今已是白发老者。他们编辑这本书献给母校，把半个世纪风风雨雨中最可宝贵的积淀捡拾起来向母校汇报，其情弥珍，其义弥深！他们渴望母校的优良传统能泽被更多后来者的胸怀难能可贵。

一个国家，一定要培育良好的社会风气，否则就会亡国乃至亡天下。一个学校一定要打造良好的校风，没有良好校风的学校就谈不到教育。高三（5）班"意志坚定内心强大"的班风，是四中校风的重要组成部分。这是种志存高远、实事求是、不追风、不媚俗的风气，这是种自尊自信、不尚虚浮、不惧挫折、矢志向前的风气。在这种风气的感染下，他人永远重于个人，悲情必会让位于进取，坦诚无疑是人所共钦的堂堂之鼓、正正之旗，鄙俗则会无所容身、销声匿迹。高三（5）班同学是好样的，50年来为国为民，殚精竭虑从事着不同工作，令人感动的故事不胜枚举，本书收录的尽管只是很少部分，但每个故事都一再弘扬着这种好风气。

这种优良风气的形成，自然要归功于北京四中，但还有更广阔的背景。孔丹同学说得很深刻：高三（5）班同学的成长，是"传统文化和共产党里面的理想主义"结合起来所产生的结果。

孔丹是这个班的团支部书记，从高一到高三他都是大家所钦佩的核心。50年来无论历经怎样的变迁，他始终是同学们和我真挚可信的朋友。我曾用四句诗写他：

每念华章叹斐然，旋闻壮士出秦关。

愁城破困开新径，异域凿空献凯还。

忆他当学生时极其出色的写作能力，赞他历经艰辛从陕西插队归来，投身经贸工作创新思路，在国外开辟市场取得佳绩。他的坚强意志无疑堪为高三（5）班代表。他对高三（5）班风气成因的思考，融汇了他几十年的切身体验，十分精警。

传统文明和理想主义的概括，切中肯綮。对我这个一辈子干教育工作的人来说，颇有暮鼓晨钟之感。我们的教育到底要搞什么？它固然担负着很多任务，但在育人这个维度上必须明确，必须牢牢把握住，就是优秀传统的传承和共产党理想的弘扬，而不是乱七八糟的别的什么。相当长一段时期，社会上追求虚浮而不务实际，一味作秀而颠倒美丑，利令智昏而廉耻丧尽，膜拜洋人而数典忘祖，这些东西不容小觑，这些都是对育人这件大事的重创啊！

这本纪念册里谈到1966年废除高考的事，我想就此谈几句。

近年常有人问我："当年四中学生为什么倡议废除高考？"

我一时无言以对。后来才知道，原来2010年媒体上有四中和女一中"联手将高考制度推向了终点"的说法。其实这是很不准确的。这本纪念册收录了有关这件事的不少资料，很有历史价值。应当说，废除高考，是当时中央领导出于发动"文化大革命"需要的一项部署，四中、女一中学生倡议不倡议并不重要。不倡议也会有别的"由头"。因为"文化大革命"的发动绝不是任何什么人所能挡得住的。至于当时四中的学生，正如书中周孝正所说："我们事先不知道，事后也不知道是怎么个意思。"他说得很真实，他说的"我们"可包括绝大多数同学，也包括我这样的四中老师。即使是孔丹，当时知道的情况多些（书中有很多真实叙述），但显然也并不全清楚。而关于废除高考这件事（当然还包括许多更重大的事），最近党的十八届四中全会关于"依法治国"的决议，已为根除做出了结论。倘若在法治框架之下，根本就不会有1966年废除高考那样的事，根本就不会有"文化大革命"那场浩劫。至于这本书里所反映的，当时年轻人围绕这件事的冲动与事后的纠结，我想，对今天以及今后的人们，永远会有启示意义。

最后，我不仅代表自己，也代表别的老师，向高三（5）班每一个同学致以敬意，祝大家健康长寿。

2014年11月初稿

2021年7月修订

二、海纳百川　有容乃大

——北京四中1966年高二（6）班纪念册序

这本纪念册不寻常。

仅就"1966年高二（6）班"这名称来说，就不寻常。这难道不是1967届高三（6）班吗？不称高三但称高二，实属无奈。1966年那个史无前例的夏天，"文化大革命"的暴风骤雨，让1967届高三（6）班失去了出现的可能。许多东西能拨乱反正，但历史把这个班定格为"高二"，却没法儿改。1966、1967、1968三届"高三"同在校园，总不能都叫高三吧？以后只能含糊其词谓之"老三届"。这种尴尬，应当不会再有。

我1963年分到四中，1964到1966年教该班语文，不是他们的班主任，但他们在校时间长，与他们见面多，所以其后50年尽管音讯杳杳，但往事历历，恍如昨日。

一个多月前，忽然接到个自报家门的陌生电话，说是高二（6）班张鲁元。我立即想起当年那个喜欢篮球、力气很足的小伙子，可电话里的声音颇显苍老。他很客气，说罗广武正主编他们班纪念册，想寄些材料给我，询问我地址。第二天，罗主编便把纪念册初稿快递过来，还有他《在藏七年》（学苑出版社）的援藏日记。这本日记立即吸引了我，日记翔实清晰，浓缩度高，绝无空话套话，这种文风，他当年作文已见端倪。再翻开纪念册，往日那些同学便一一浮现于脑海。

接着，张克军与我联系。克军比我个子高，当年是篮球校队的，我那时也混在学生里打球，印象清楚。他、鲁元和冯海龙邀我见了面。冯的宝贝女儿我教过，他是高二（6）班离开四中后唯一与我接触较多的一位。他们体谅我年事已高，慢慢唤起我的回忆。估计我都想起来了，罗主编便郑重其事，给我提出纪念册写序的要求。

年逾古稀的学生念旧，我不意外，但办事如此细密，我有点始料不及。上周，为欢迎广西返京的丕钦同学，鲁元邀我出席了他们的双井聚会。一下子见到那么多旧人，几十年的话，说不过来也听不过来。仅赵明宇的"久在河边走，就是不湿鞋"，便足够写部长篇小说了。而更让我始料不及的是，这帮老头儿竟一致举手，把我"选"成他们的班主任。原班主任凌老师去世多年，选我补缺，是对四中的孺慕和对我的抬爱。年近八十而有此幸运，我不由诌出四句顺口溜：京东双井地不偏，耄耋何期任新颁。选者头白我尤甚，天长地久不羡仙！没想到梁纪东同学竟以西皮原板悠然唱出，吐字行腔酷似杨派"云遮月"，沧桑毕见，令人动容。

几天来我一直沉浸于往事。我的幸运，离不开旧日学生。高二（6）班对我帮助很大，那两年作文教学留下的痕迹，尤其深刻。

这个班写手众多，每次作文颇有可观。有的字迹美观，笔力遒劲；有的字虽不行，但思路清晰，文采焕然。我表扬最多的，大概是李顺德，范苏苏。一严谨厚实，一行云流水，各擅胜场。但令我毕生难忘的，却是不声不响的李家琳。他作文平平，我好像从没表扬过。但1966年春天，我对自己产生了深深的怀疑。那天，学校广播站播了篇气势奔涌的长文。我万万没料到,这篇文章的作者竟是不声不响、一直被我视为作文平平的李家琳。文章的内容不记得了,但其开合有度,顿挫抑扬,音犹在耳。尽管至今我一直与家琳没任何联系,但他对我的影响可能最大。老师让学生写的作文,真能反映学生的写作能力吗?某些不起眼的作文背后,焉知其潜能不是深不可测?是学生不行还是老师不行,难说啊。这令我一直不敢或忘。

说到不声不响的同学,我忽然想到马伟博。他似乎很寡言,也许我这感觉并不准。他给我留下最深的印象,是对"文化大革命"中批判"走资派"那份不寻常的清醒。当时四中最大走资派是校长杨滨,每个教师都要批判她的"三反言行"。我觉得很为难,因为根本说不上什么"三反",还得义形于色地强为之说,实在痛苦不堪。当时学生中有个"干部问题联络站",给杨滨辩护,令我非常佩服。一次从那儿路过,看到马伟博和几个我不认得的学生聊天,我以为他也参与其间,便久久不忘。最近才弄清他并未参与。但罗广武说,马伟博确是清醒过人。那次在中山公园音乐堂批斗杨滨,马、罗挨着坐。斗争激烈处,台上皮带乱挥,台下群情涌动,口号如雷,山呼海啸,但马伟博定力超常,始终沉默,不为所动。后来他去陕北插队,当队长,为地瘠民贫而焦虑。他从范苏苏送的《齐民要术》里读到"木奴千,无凶年",便组织老乡们种果树。果树能种,但管护、归属等一堆问题的解决谈何容易!不过马伟博取得了成功,其坚毅与才具可见一斑。

高二(6)班的故事,几天几夜说不完。一本纪念册篇幅有限,无论怎么编也挂一漏万。眼前这本纪念册,基本事实准确,能反映同学们积极进取、历尽艰辛的许多侧面。赵兵的日记,让人忆起"文化大革命"前学生真实的学习生活；范苏苏12个"镜头"，叙及离开四中后同学们的种种际遇。晏群、王震亚等同学的文章，取材典型，情感丰富。而一些高度升华的诗句，则令我浮想联翩。赵兵"上山惟一路，步步煞惊险，人生亦蹉跎，激励更向前"，毛祖桓"柳叶刀锋痼疾祛，风清更愿驱恶浊"，刘建党"欣闻校友身心健，文韬武略风采煊"，都让我爱读。高二（6）班同学们百折不回的坚毅追求、济世助人的高尚情怀、斐然可观的杰出成就，令我神往。

我想从一名老教师的角度，谈谈我读纪念册的一点感觉。

高二（6）班藏龙卧虎，政商军教，科学艺术，无不人才济济，有的造诣极高。他们是"广阔天地，大有作为"那一代人的缩影。现在有人谈到民国初年江浙某校出过多少多少才子，便艳羡不已。其实，即以高二（6）班而言，若再过些年，人们追忆起来，恐怕会为一大批国家的栋梁之材而啧啧赞叹。后之视今，尤胜今之视昔！但高二（6）班一贯低调。他们后来那些风云激荡的成就、了不起的贡献，在纪念册的字里画间虽约略可见，但未凸显。这一点，恰恰反映了这个班的风气。如果说是谦虚，我觉得不够准确。这个班，平和融洽而善于学习，不断进取而风清气正，能者自能而无意张扬，实事求是而耻于作秀。他们谦抑，能吸纳；他们包容，有张力。

我眼前似乎出现了一派"海纳百川"的浩渺气象。

四中是个有兼容精神的学校，高二（6）班是兼容力特别强的班级。在"以阶级斗争为纲"的时期，这个班尽管也念念不忘阶级斗争，但他们对老师亲切热情，尊敬有加。"文化大革命"期间，阶级斗争被推向了极端，但这个班与四中多数班级一样，对老师并无疾言厉色，更不肯恶语相加。班里同学之间也没有派别"互撕"，依旧和睦相处。热情饱满而不感情用事，个性鲜明而不任性妄为。理性强，始终是主流。班上资格最老的，大概要数周坚，"文化大革命"初还进了革委会，但谦恭平和，练达内敛。这种难能可贵的潜质，为高二（6）班同学所共有，是构成集体兼容度的重要元素。高二（6）班与全国"老三届"一样，备尝人生坎坷。而有个兼容度高的集体，对每一个人来说，无疑是不懈进取的重要资源。高二（6）班人才辈出，在广阔天地作为不凡，改革开放后更是成就突出，不能说与此无关。这很值得今天关心教育的人深思。提高教育质量靠什么？最重要的是要有好的教育环境。风清气正而兼容并包，必然活力无限。信夫，习俗之移人也！

不管是大环境还是小环境，环境好些，人们就受益多些。而作为个人，对营造良好环境拥有责任感，就是道德。"海纳百川，有容乃大"，林则徐这一名联，昭示了一种胸襟，一种"大德"——不仅严守道德底线，还有取法乎上的追求。此联典出《尚书》："有容，德乃大"。胸怀宽阔，渊漠深广，兼容并包，是上善至德的一种境界。

做到这种兼容很不容易，而这正是我国优秀传统文化的精粹。

东周初期，周天子式微，诸侯纷争，处于四战之地的郑国，危如累卵，于是郑国的国君问计于"史伯"。史伯通晓天下事，且对西周之所以衰败，观察入微。他的长篇谈话记录于《国语·郑语》。其核心观点"和实生物，同则不继"，最是鞭辟入里，警醒后人。这是世界上最早阐明"和"与"同"两个不同概念的箴言。其后二百年，则有孔子的"和而不同"。"和"指多样性的各种事物共生，这才能衍生万物；"同"则是单一而又单一，只求同不存异，势必难以为继。近些年所说的"人类命运共同体"，正是中华优秀传统文化的继承与发展。

高二（6）班的良好风气，体现了海纳百川的胸襟，践行着和而不同的文化。即使在"文化大革命"那种严酷环境下，中华民族优秀的传统文化，在高二（6）班同学身上，依然没被斩断。那么我们完全有理由相信，今后一定会涌现更多的"有容者"，中华民族定当屹立于世界民族之林！

又值夏日当窗，感触良多。这本纪念册，凝聚着剧烈变化时代的生命体验，高二（6）班每一个同学自会珍惜，而它对愿意潜心研究中国基础教育的人来说，当更有价值！

管见琐琐，勉为之序。

2018年6月7日初稿

6月10日修订

三、晚晴红叶

——毛祖桓诗稿序

我与祖桓,五十年前是师生。后来知道他成了著名教授、教育理论家,但从不知他擅旧体诗词。日前读北京四中1966年高二(6)班"纪念册",见祖桓四言诗《屠呦呦获诺奖有感》功力颇健,乃知为个中高手。祖桓旋以《秋叶晚晴》电子诗稿惠赠,更让我大饱眼福。

晚晴,寓退休后方寄情此道之意。诗稿凡十七篇,诗词496首。古今中外事,琳琅满目;家国天下心,拳拳殷殷。欲观辞彩,则佳句俯拾皆是;兼赏图文,而首首皆具匠心。盛暑读之,不仅饱眼福,更如清风徐来。

当代人写旧体诗,我一向钦佩聂绀弩。一次与祖桓电话偶然提到,第二天他便发来一首七律,称赞聂"弦直岂屑违心语,狱久偏织沥胆思"。我忽然感到,祖桓与绀弩,虽相距半个世纪,经历很不同,祖桓并未如绀弩那样饱受牢狱之苦,但与绀弩那辈志士仁人一样,对国家民族的情感都是诚挚的。不屑违心之语,但抒沥胆之思。祖桓《秋叶晚晴》诗稿虽都写于退休后,而热爱生活、热爱教育、热爱中华五千年文明的情感一以贯之,这何尝不是沥胆之思!诗稿最后有宝塔诗、回文诗等几首游戏之作,《叶片诗·信字谣》

中"不辨真假转微信"的调侃，令人捧腹，而力诚辨伪，同样也是对高尚文化品质追求的题中之义。

祖桓念旧，坚请我为诗稿作序，推辞不得，试谈三点感觉。

一、人人可有，诗家常无，从容赋之，妙语连珠

人人都有的经历，诗家未必肯写。如这里的15首"童趣"，便从未见人系列赋之。弹球、剟刀（剟读duō）、跳房子、抓羊拐（按：此"抓"读chuǎ，第三声，北京方言，有音无字，暂以"抓"代）、拍纸片等，都成本极低，现在的孩子早就不玩了，但当时那代人玩得很嗨，这些游戏的吸引力，难道不很有诗意吗？

这些诗无论写过程还是写难点，都"童趣"悠然。如"抓羊拐"，"眼随包起翻依序"，游戏者神态专注，惟妙惟肖，动作敏捷流畅而次序井然，

多么有趣的美学教育！更美的，大概要数"踢毽子"，"足尖停住蹦高挑，独立金鸡身不摧"，融机敏、节律、刚健为一体，难度之高几近形体艺术。至于"挤牛"则没什么难度：

冬日阳光送暖来，南墙伙伴肩踵挨。

后拥前搡齐声唤，牛被挤出从尾排。

但又何等热闹欢快！心理专家有所谓儿童"皮肤饥饿症"之说，看来"挤牛"无异于一剂绝佳的对症良方。

祖桓不仅善写童趣，也善写"老趣"。人人都会老，老趣各不同。祖桓的老趣，重在感悟与自信，故亦常能言人所无。这首在公园听"葫芦丝"吹奏的诗，意味颇多：

听君一曲葫芦丝，春夏秋冬各有时。

曾记当初难入调，而今婉转路人迟。

这位吹奏老人乐此不疲，曲调悠扬，吸引了不少人驻足聆听。但若

无当初"难入调"的苦辛，又哪来多少"老趣"？祖桓凝神静听，可谓感悟多多。再如写"健步走"：

　　健步流星疾似风，沿湖大道任君行。

　　忽如迎面淋漓至，轻燕转头烟柳中。

这首诗亦实亦虚，实中有虚。"烟柳中"的煞尾，轻灵含蓄，多重感悟纷至沓来。

　　祖桓之趣，源于对生活的热爱。最平常不过的事，在他笔下都诗意盎然。你看，夏日夜晚人们到校园操场乘凉：

　　半轮明月照西津，瞬去薄霞暮渐深。

　　树上鸣蝉歇未就，绿茵围坐纳凉人。

何等悠闲惬意！你再看：

　　道边二月兰，素朴不争妍。

　　却借微躯力，铺成茵带观。

二月兰，是极微贱的野花，难被诗家垂爱。但祖桓高度赞赏其生命力，土质再差也挡不住它顽强生长，成片盛开，且花期极长，其"微躯"之力不就是大德吗！祖桓长期任教于北京科技大学（前身为北京钢铁工业学院，有"钢铁摇篮"之称），他的学生大多在第一线从事具体工作，条件艰苦，"素朴不争妍"而贡献极大。祖桓对二月兰的讴歌，他的学生们一定深受鼓舞。

　　五十年间，我与祖桓并无交往，在我印象中他还是离开四中前那个字迹工整、坐第二排的学生。但他与"老三届"其他同学们一样，几十年历经坎坷，即使"土质再差"，依旧不辞微躯之力，坚强成长，成就斐然，其"大德"分毫不让二月兰！

　　祖桓的《摄影》一诗，令我读之再四：

　　湖浪袭人何所惧？茫茫冰雪豪气发。

瞬间自信留绝美，乐在其中岂有它。

这可能是祖桓随手之作，但却是生命感悟的上乘佳作。任你浪急风高，任你冰雪载途，唯有永不丢弃自信，方能留得住绝美。任何瞬间都有绝美，都有诗意，都有乐趣，这是我读祖桓诗稿的突出感觉。

二、形象鲜明，直抒胸臆，挥洒自如，各尽其意

写诗，无论旧体新体，都要形象鲜明。近三十年不大说"形象"而说"意象"，其实意思相近，如无特殊必要，我还是习惯说"形象"。

祖桓对种种形象的把握，游刃有余。比如："拨弄古筝三两声，一梅一鹤梦中迎。朝朝暮暮诗台净，凡世几人如许清？"古筝、梅鹤，可称含义颇丰的意象，优雅清新，用来表达欣赏友人书画的感受，贴切可喜。又如伉俪情深，似乎已被诗人写尽，而祖桓自出机杼，以"云"与"月"设喻：

三十六载云和月，云有阴时月有缺。

月伴云随两不弃，云添华彩月添洁。

结婚三十六年如云与月之相依，虽有阴晴圆缺，而华彩倍增，质地愈洁，形象明丽，含蓄多情。按平水韵，"月、缺、洁"都属于"入声字"，"入声短促急收藏"，读起来别有内敛重厚的韵味。

祖桓诗形象丰富，有的温婉典丽，有的大气磅礴。例如《谐趣园冰面观鱼》：

翕然不动似群雕，红锦冰藏千百条。

莫扰冬眠春再遇，寒衣脱去认前朝。

以静到极致的罕见之美，表现对生命的款款深情，谐趣园冰下之鱼的形象，大概第一次被赋予了如此深婉的意蕴。又如游内蒙古克什克腾世界地质公园：

> 千姿百态叹奇观，造化自然经亿年。
>
> 立壁层岩不言语，只将黛色妆莽原。

以质朴之语，状雄浑之象，至"只将黛色妆莽原"，可谓境界全出。这个地质公园应是近年申办的，倘若征集诗作，也许难出其右。

诗句形象鲜明，反映了生活观察深入，善于有所发现。例如"红喙理黑羽，身洁尤爱惜"，写圆明园里的黑天鹅，仅一个"理羽"动作，色彩天然，美感顿出，洁身自好的形象跃然纸上。类似这样"意在象中"的鲜明形象，在祖桓诗里比比皆是。

旧体诗的形象表达，往往要用典。用典，即用著名故事、著名词句来表现丰富内容。在咏怀名胜古迹、歌咏中外人物的诗篇中，祖桓用典颇多，确是增强形象感的好手段。例如咏苏轼的那首《沁园春》：

> 自古皆然，意气难平，异见罪充。惜东坡才傲，汪洋恣肆，毁发朋党，霜雪重重。先黜黄州，大江东去，远放三南词作丰。亲农舍，采民风淳朴，酒伴诗浓。　　英雄几有心胸？总宠辱不惊自始终。借残荷败菊，亲朋砥砺，赏梨躞柳，恬淡从容。不应敲门，听江倚杖，禅味独得到此穷。文星陨，幸天涯海角，俱诵坡公！

上阕写经历，下阕写心胸。东坡在官场被一贬再贬，汪洋恣肆的才情却越发不可遏抑；而胸怀磊落，精神上自我调控，物与我俱无尽的高超境界更令人神往。这首词并非泛写苏轼，而是对苏轼何以成为千古"文星"的思考。仅就词面上的夹叙夹议，也会感到顿挫抑扬、情感激越。若对东坡作品了解较多，则不难感受到作者用典挥洒自如的效果。这首词"揉"进了东坡多篇名作的词句，对表现东坡处境、胸襟、意态、人格，形象感强，很有厚度。

又如咏柳宗元的《汉宫春》，其中"孤舟钓雪"之典也很富新意。以"孤舟钓雪"与"金装"形成鲜明对照，既是对时下某些地方开发旅游市场无知的有力讽刺，又紧紧扣题，定格了柳宗元的高洁形象。

用典与直抒胸臆并不矛盾。典故过于艰深，与读者"隔"的层次太多，或被讥为"掉书袋"。典故贵在得当，读者即使对典故不深知，也不妨碍读懂大意，而一旦有所了解则兴味倍增。祖桓用典恰当，情感的抒发给人以奔流直泻之感。他咏怀人物古迹的大量作品，涉及内容甚多，有家喻户晓的人物而写出新意，有读者不大熟悉的人物而特赋深情。话语不多，余韵丰沛，这是用典得宜的效果。

诗词中直抒胸臆，要有很强的语言素养。语言上善于出新，正是祖桓诗稿一个明显特征。如"威严佣阵列兵马，气概惊无盖世双"，盖世无双，在这里做了临时调整，读起来分外铿锵。又如，《三失小月河》：

京胡醉起京腔韵，西乐偏吹梁祝音。

APEC蓝若常在，人人愿做北京人。

把"APEC"直接用进旧体诗，居然平仄相合，意味浑成，实在是妙。用旧体诗写新事物，语言上须容纳新词新语，但又不失旧体诗韵味。《股殇》（见第十六篇）写今日之股票市场，祖桓以旧体诗来写，用语成功，很值得关注。

三、古今中外，博闻广识，人间胜景，多彩多姿

祖桓胸罗万有，令人钦佩。读祖桓诗，常感到眼前一亮，噢，原来是这样！

例如"瑷珲—腾冲"中国人口地理分界线，是胡焕庸教授1935年考订的我国人口分布和人口密度的对比线，既是无形之线，而对我国经济发展的价值又是有形的重大贡献，却少有人知。祖桓这首诗，令我弥补了知识的空缺：

东北西南一线勾，一边繁庶一边愁。

今从起点腾冲立，始信大师图远谋。

祖桓诗视野极广，令人眼界大开。例如游新西兰的这首五律：

文化本多元，汪洋纳百川。

语言肤色异，信仰种族专。

毛利高山去，移民欧陆迁。

彭斯诗句引，彼岸天地宽。

"毛利人"是新西兰原住民，以前相传是太平洋波利尼西亚人后裔，近据DNA比对，乃台湾高山族后裔。而欧洲移民占新西兰人口约20%，有的城市极具苏格兰风情，据说不少人是读了彭斯的田园诗句，远渡重洋而来的。这首诗颇具历史纵深感，令人对世界文化的多元性顿生感悟。

祖桓不仅倾心于历史，而且无时不关注现实。他游德国科隆大教堂，对其"建毕费时六百岁，入云高耸哥特风"的卓绝历史心生敬意，而"颈联"承上启下，"灯光幽淡心方静，管笛低徊目勿睁"，在"袅袅福音上穹顶"之中，不由心生疑窦——"难民广场有谁听"！这一结句堪称"豹尾"。近二十年欧洲难民问题，确乎是影响历史走向的重大问题，但未必引起人们足够重视，这首诗分量不轻！

祖桓对我国几十年来的发展变化尤其情有独钟。例如，国家投19亿元巨资建成的腾冲龙江大桥，气势磅礴，祖桓赋诗记之：

> 当年茶马道，今日盘巨龙。
>
> 由此南洋下，腾冲又建功。

至于遍布960万平方公里土地上的无边胜景，祖桓更是每至一处，必记之咏之，令人目不暇接。例如"湿地"景观，在诗中并不多见。而祖桓笔下有江南的湿地：

> 溱湖湿地尽朦胧，似掩轻纱烟雨中。
>
> 水映金佛三面影，浪推画舫一路风。
>
> 几只麋鹿逐青叶，数对天鹅荡绿丛。
>
> 漫步栈桥多野趣，欣然万物共争荣。

也有北方的湿地：

> 湿地观生态，亚洲闻盛名。
>
> 山阶引高处，锦绣惊美形。
>
> 丛密依泽郁，水曲环岛清。
>
> 护泥百年后，风景更多情。

同为湿地，景观迥异，前者万物争荣，后者护泥百年，都令关注环保事业的人由衷欣悦。

祖桓诗中让我领略到的河山胜景，有的闻所未闻，有的虽有所闻而并不了了。

北地草原的呼伦贝尔，曾有耳闻，但不知那里三十万牧民如今的生活方式早已不复往日。祖桓这首诗扣住了人与自然关系的变化，融情入景，不落窠臼：

> 小湖贝尔大呼伦，熠熠双珠姊妹亲。
>
> 卅万牧民居有所，呼伦贝尔依有魂。
>
> 浪高风卷巾飘彩，宴设客来鱼品新。
>
> 回首频频忍挥去，波光云影总牵心。

南疆的诸多景观之奇丽，我不仅闻所未闻，而且想都想不出。例如《明仕田园和德天跨国大瀑布》：

　　田园闻鸟语，花醉紫荆枝。
　　雨霁髻峰秀，歌迎篙桨迟。
　　瀑飞二迭落，珠泄九帘急。
　　道是天堂景，界碑追往昔。

这首诗把两处景观加以链接，比"诗中有画"的效果更胜一筹。你看，由闻鸟语而登木舟，多么潇洒；舟行缓缓，歌声阵阵，多么令人流连。而接着，"二迭""九帘"的天下奇观又迎面而来，能无置身仙境之感吗？这不是一般的画，是"3D"视频呀！

西部风情则另有一番诱人之处。如《茂县羌寨》：

　　落落大方旗导引，芙蓉出水步轻盈。
　　土楼墙垛白石列，古寨门楣羊角弓。
　　名药贡茶闻四海，绣包银器馈亲朋。
　　画石娓娓先人事，一曲羌笛杨柳风。

"一曲羌笛"，勾连今古，把粗犷尚武的遗风，淳朴好客的民俗，编织成当代旅游的一幅独特画卷。

再向西，便是青海、西藏。雪域天路之奇观，对生长于内地的人来说，过去只能在梦中一睹风采，而今却任你纵目驰骋：

　　铁流驱二日，天路征一程。
　　可可西里盼，藏羚何处逢？
　　莽原亘千古，绝处觅精灵。
　　峰冠积年雪，川流百曲东。
　　格桑妆绿野，鹰隼刺苍穹。

而读《游南伊沟》，却如同在麦克马洪山亲逢"珞巴女"的问候，"翻越拉根拉山口"，则让你对世界屋脊那绝尘的壮美，感同身受：

> 眼前峰雪却茫然，疑上云游八万山。
>
> 辞别五千高仞去，倏忽云破天湖边。

总之，祖桓视野广，视角新，观察细，用笔活，胜景连连，多彩多姿。境内境外，或有名或无名，或人文或自然，时而苍茫阔远、思接千载，时而微观具象、歌声在耳：无不赏心悦目，启人遐思。

以上三点感觉远不能尽道祖桓诗稿特色，而我却不由想到一位古人，就是归有光。归有光，明代中后期人，60岁才考中进士，一生教书课徒，与当时文坛声名显赫的"前后七子"并不搭界。但明清易代之际，学界却赞有光为"明文第一"，以后遂成定评。这个故事似乎可以说明，涉身文坛与否，其实未必能决定什么。归有光自言："有光学圣人之道，通于六经之大指，虽居穷守约，不录于有司，而窃观天下之治乱、生民之利病，每有隐忧于心。"归有光只是个以教书为业的人，但深明家国天下之理。他没有"治国平天下"的机遇，但他的文章呈现出对高尚文化品质的自觉追求，这是历史最终选择归有光的根本原因。

祖桓诗稿，若一言以蔽之，便是对高尚文化品质的追求，自觉而且执着。以此陶冶身心，做人作诗，正是中国读书人本色。

祖桓读中学时字就写得好，显然幼年下过功夫。他有首怀古诗写书法家颜真卿，意味深长：

> 颜氏传家训，大唐出诤臣。
>
> 劲书立风范，刚正如斯人。
>
> 坚壁退敌寇，为官思万民。
>
> 死生慷慨许，肝胆千秋存。

> 犹在九天看，学童笔入心？

习书法者莫不知颜、柳、欧、赵。前人有言，习颜字最难，难在习颜字犹如学正人君子，不易得其神。颜氏一门忠烈，真卿、杲卿两兄弟同为"高干"，都为平定军阀叛乱而死，杲卿死得尤惨烈，文天祥《正气歌》以"颜常山舌"颂之，足以不朽。"犹在九天看，学童笔入心？"是点睛之笔。缔造中华五千年文明的先贤们，难道不都在冥冥中注视着后代子孙吗？吃中国饭，穿中国衣，由中国老百姓养大，何以对待先人？尽管是习字，难道这一切不都会点点滴滴渗透在一笔一画中吗？

纵观祖桓诗，深感其未敢一时或忘于此。祖桓说，他把这些诗当作秋天漫山的片片红叶。诚哉斯言！爰为序云。

2018年7月26日初稿

7月30日修订

ISBN 978-7-5187-1550-

定价：48.00元